择善而交

优质的圈子成就你

消极的圈子拖累你

漫画

肖玉静◎编

大漫工坊◎绘

山西出版传媒集团　山西人民出版社

图书在版编目（CIP）数据

择善而交 / 肖玉静编；大漫工坊绘. -- 太原：山
西人民出版社，2024. 8. -- ISBN 978-7-203-13520-3

Ⅰ. C912.11-49

中国国家版本馆CIP数据核字第2024WA7553号

择善而交

编　　者：肖玉静

绘　　者：大漫工坊

责任编辑：孙　琳

复　　审：崔人杰

终　　审：梁晋华

装帧设计：言　诺

出 版 者：山西出版传媒集团·山西人民出版社

地　　址：太原市建设南路21号

邮　　编：030012

发行营销：0351 - 4922220　4955996　4956039　4922127（传真）

天猫官网：https://sxrmcbs.tmall.com　电话：0351 - 4922159

E - mail：sxskcb@163.com　发行部

　　　　　sxskcb@126.com　总编室

网　　址：www.sxskcb.com

经 销 者：山西出版传媒集团·山西人民出版社

承 印 厂：三河市同力彩印有限公司

开　　本：710mm×1000mm　　1/16

印　　张：9

字　　数：150千字

版　　次：2024年8月　第1版

印　　次：2024年8月　第1次印刷

书　　号：ISBN 978-7-203-13520-3

定　　价：49.80元

　　人生的旅途中，我们会遇到形形色色的人。有些人如匆匆过客，在生命中一闪而过；而有些人则会成为我们的挚友，陪伴我们走过漫长的岁月。在这纷繁复杂的人际交往中，"择善而交"显得尤为重要。

　　"择善而交"，首先在于对"善"的理解。"善"并非仅仅指道德上的完美无瑕，更是指那些拥有积极向上的人生态度、真诚善良的内心以及与我们价值观相契合的品质。一个善良的朋友，会在我们犯错时给予诚恳的批评，而不是虚伪的奉承；会在我们遭遇挫折时给予鼓励和支持，而非冷漠的旁观；会在我们迷茫时为我们指明方向，而非任我们迷失。

　　历史上，许多名人贤士都深知择善而交的重要性。管鲍之交，流传千古。鲍叔牙深知管仲的才能，向齐桓公大力举荐，而管仲也不负所望，辅佐齐桓公成就霸业。他们之间的友谊，正是建立在彼此的了解、信任和对国家大业的共同追求之上。这种善交，不仅成就了个人的辉煌，也为国家带来了繁荣。

　　在现实生活中，择善而交也能让我们受益匪浅。与积极乐观的人交朋友，我们会被他们的热情所感染，变得更加阳光自信；与勤奋努力的人交朋友，我们会受到他们的激励，更加奋发图强；与富有爱心和同情心的人交朋友，我们会学会关爱他人，让世界充满温暖。

　　然而，要做到择善而交并非易事。这需要我们有敏锐的洞察力和判断力，能够在与人交往的过程中，透过表面看到本质。同时，我们也要保持自身的善良和正直，只有这样，才能吸引同样优秀的人靠近。

　　本书共八章，包含了判断一个人是否值得交往的方法，我们要与什么样的朋友结交，保持友情的长久之道等方面。内容翔实，重点突出，条分缕析，实例覆盖古今中外，力求理论联系实际。本书着重论述择善而交的

表现，即我们应当与乐观坚强、乐于助人、诚实守信、宽容大度、谦虚谨慎、志同道合的人交往。

　　择善而交，还需要我们懂得珍惜。当我们遇到那些真正的良友时，要用心去维护这份友谊。学会倾听他们的心声，在他们需要时伸出援手，共同经历生活的喜怒哀乐。真正的友谊经得起时间的考验，即使岁月流转，那份情谊依然如初。

　　在这个充满诱惑和复杂的世界里，择善而交是我们人生中的一项重要选择。它能为我们的心灵找到栖息之所，让我们在成长的道路上不再孤单。让我们以一颗真诚的心，去寻找那些善良、正直、与我们志同道合的朋友，共同书写美好的人生篇章。

目　录

第一章　择"善"也需有道

第二章　乐观坚强者，善

 第三章 **赠人玫瑰者，善**

 第四章 **一诺千金者，善**

第五章 **海纳百川者，善**

第六章 **谦虚谨慎者，善**

第七章　风雨同舟者，善

第八章　择善而交，方能修德致远

第一章

"择善"也需有道

古语云："与善人居，如入芝兰之室，久而不闻其香，即与之化矣；与不善人居，如入鲍鱼之肆，久而不闻其臭，亦与之化矣。"这句话深刻地揭示了交善友的重要性。交善友，需要我们有一双慧眼，能够辨别是非善恶。在人际交往中，我们要善于观察他人的言行举止，了解他们的品德和为人。只有选择那些真正善良、正直的人作朋友，我们才能在交往中获得正能量。

练就"火眼金睛"，
观言行知"善否"

一个人的言行举止常常被视为反映其内在品行的镜子。通过我们的观察和体会，可以从一个人的言语和行为中了解他的性格和修养，进而判断他是否值得交往。拥有良好的言行举止，就如同拥有了个体长久发展的"助推器"，能给他人留下良好的第一印象，有助于**建立和谐的人际关系**；反之，若一个人言语粗俗、举止轻浮，往往会让人避之唯恐不及，更难以谈及深入交往和建立长久**稳定的人际关系**。

言谈的艺术

注重言谈艺术是展示自身形象与素质的重要方式。在初次结识新朋友时，礼貌用语不可或缺，如日常使用的"请""谢谢""对不起"，以及第二人称中的"您"字等。使用这些敬词，能够增进与对方的感情，减少不必要的冲突；当对方使用这些敬词时，我们也可以借此对言辞礼貌、尊重他人的友善之人有更深入的了解。

"良言一句三冬暖，恶语伤人六月寒。"一句**同情和理解**的话，宛如冬日里的暖阳，能给人带来诸多安慰和勇气；而一句不合时宜的话，或者在别人说话时贸然打断，都会让人觉得不礼貌；口出恶言则更不可取，它如同一把利剑，会刺伤他人，即使在夏季也会让人感到寒意，谁会愿意与这样的人交朋友呢？

在交友过程中，我们还可以通过对方的言谈技巧来判断其为人。例如，喜欢说幽默"段子"和有趣故事的人，往往能让人会心一笑，适度的幽默就像升华友情的"调味剂"，我们乐于与言辞诙谐的人交朋友；而有些人喜欢连续发问，对自己的事情闭口不谈，却对别人的事情刨根问底，甚至触及隐私，这往往会给人带来压迫感。

见面礼仪

判断一个人是否值得交往，**见面礼仪**也是一个重要的考量因素。正确的见面礼仪能给人留下良好的第一印象，为后续的深入交往提供前提条件。

除了见到认识的人要打招呼外，还有一种不出声的问候礼节——致意。在生活中，人们通常采用招手致意、欠身致意、脱帽致意等形式来表达友善之意。

在正式的社交场合中，握手礼也至关重要。握手是沟通思想、增进友谊的重要方式。与他人握手时，应注视对方，微笑致意，不可心不在焉、左顾右盼，也不要戴手套。一般情况下，握手的时间不宜超过3秒，且应站立握手，以表示对他人的尊重。握手还有一定的顺序：通常应等女士、长辈、已婚者、职位高者、主人先伸出手，男士、晚辈、未婚者、职位低者、客人再伸出手回应。

其他仪态举止

其他仪态举止也能从侧面反映一个人的**修养和素质**，大致判断出其性格。例如，一个人在谈话中不敢正视对方的眼睛，几乎没有眼神交流，可能表明其自信心不足；在谈话时喜欢东张西望的人，会给人留下心不在焉、傲慢无礼的印象；在公共场合站立时总下意识地做小动作的人，可能性格比较拘谨和腼腆，显得手足无措；而"走路带风"、大步向前、抬头挺胸的人，往往会给人留下自信洒脱的印象。当我们观察他人的仪态举止时，要注意有些与品行修养有关，有些则仅是性格使然。我们可以通过这些仪态举止大致了解其性格，看是否与自己相契合。

见微知著，过去+现在≈未来

过去的时光已然远去，但过去与现在并非泾渭分明，过去不可避免地会给现在带来或多或少的影响。当我们对一个人是否值得交往进行判断时，能够从正面或者侧面来了解他的过去和现在。毋庸置疑，过去的经历能够从多方面、多角度影响一个人的现有生活甚至未来。

深入交流，往事并不随风

一个人的**童年**是人生至关重要的阶段之一，此阶段对个人性格和价值观的形成起着关键作用，也是发展认知能力、塑造心理健康、培养兴趣爱好的关键时期。如果一个人度过了健康、快乐的童年，长大后往往会具备较强的**自信心**，通常也会拥有阳光积极的心态；倘若一个人自幼就有某种兴趣爱好，掌握了某项技能，长大后不但不会轻易忘却，甚至随着时间的流逝，还会使从小的兴趣愈发浓厚，对技能的掌握也愈加纯熟。

我们在聆听他人过去经历的同时，也可以叙说自己过去的经历，从中探寻双方的共通点，交流过去的经历对当下的影响以及给予人的启迪，从而更好地把握当下的发展方向。

了解现在，探寻所思所行

通过与他人的交谈，不但可以知晓其过去的经历，还能够探知其当下的**思考内容与行为举动**。

真正了解一个人的想法着实困难，这需要长时间的彼此相处和交流互动。因为每个人的表达水平参差不齐，所以我们在探究其想法的过程中，需要具备一定的耐心和敏锐感知力，这样才可以更好地理解对方的想法。

要了解一个人的行为活动，除了进行语言上的沟通，在面对面的交流过程中，对其**非言语行为**加以观察，例如面部表情、肢体动作、谈话语气等，也能够辅助我们了解其想法和情绪状态。比方说，一个人总是满脸笑容，就可以推断出他当下保持着积极乐观的心理状态；一个人谈话时语气激动且急促，那么就有可能推断他的性情比较急躁，或者是受到当时所处情境的影响，使得情绪出现了变化。

在交流之余，**日常生活习惯、日常行为表现、兴趣爱好**等，也为我们打开了一扇了解他人当下状况的窗口。比如，白玉霜是评剧演员，享有"评剧皇后"的美誉，为了提高自己的表演能力，她不管是严寒还是酷暑，只要有空闲时间就去吊嗓子。有人对她说既然已经成名了，就不必再辛苦练习了，可她却认为学戏没有尽头，由此可见她的自律性很强。在实际生活中，有的人坚持早睡早起、每天坚持阅读，对自己严格自律。当我们遇到这样自律的人并与之建立友谊时，很有可能会受到积极的影响，实现"近朱者赤"。

社交媒体和作品是展现个人的舞台

如今，我们时常借助**社交软件**展开线上社交，以此来了解一个人的过往与当下。

就发布内容而言，当我们浏览一个人分享的链接以及发布的文字、图片、视频等内容，便能知晓此人的观点、兴趣以及生活状态。

例如，有的人常常在社交平台晒出旅游照片和视频，由此我们可以了解到，这是一位热爱生活、钟情旅游之人；有的人热衷于发布流浪猫狗的领养信息，那么我们便能感觉到，这是一位热心善良、喜爱小动物之人；有的人喜欢推送一些影视剪辑片段，或是撰写一段、一篇影评，我们便可判定，这是一位痴迷影视剧和写作之人。诸如此类，我们大致就能判断出其**兴趣爱好**与自身是否相契合。

就发布频次来讲，有的人发布动态颇为频繁，隔三岔五便会在朋友圈发布一些内容。由此可以判断，他喜爱分享生活点滴，期望通过社交平台展示自我，以获取他人的认可与关注；或者通过发布动态来缓解焦虑、孤独等情绪。然而，有的人很少甚至从不发布动态，我们由此推测，他或许比较注重

让我来看看刚发的那条朋友圈有多少人点"赞"！

自身隐私，自我保护意识强烈，不愿轻易展露自己的生活状态与情感；也可能是因为性格相对内敛，不擅长表达自身情绪；还可能是由于对这类社交平台关注较少，忙于其他事务，更加重视现实生活中的人际交往。

如果一个人热爱写作，我们可以通过其创作的作品了解他的过去与现在。具体可关注作品的内容与主题、写作风格、作品时间线、作者的背景资料，等等。通过了解一个人不同时期的创作特色，对比不同时期的作品，我们能够推测出其生活经历与心路历程；通过阅读作品的故事情节并剖析人物特征，往往能够探寻到作者在现实生活中的身影，体悟作者的思想境界；通过感受一个人的写作风格，诸如幽默风趣的语言风格、豪放洒脱的行文风格，也能够**感知作者的个性**。

这一切都为我们在人际交往中提供了丰富的参考。我们可以借此判断一个人的品德、价值观和生活态度是否与自己相符。择善而交，意味着我们要选择那些善良、正直、积极向上的人作为朋友。

"性格""三观"合不合?

性格指的是一个人于长期的学习、工作和生活里逐渐形成的稳定态度及心理特征。依据人的心理活动倾向于内或是倾向于外,人们的性格可被分为外向型和内向型两大类。三观,一般来讲是指**世界观、人生观、价值观**。

性格与三观都受后天环境的塑造,具有一定的稳定性,彼此之间相互影响、相互牵制。观察一个人的性格和三观是否契合,有利于更好地理解他人,进而做到择善而交。

外向型性格

在社交行为层面,**外向型性格**的人通常擅于交际,乐于与人交往。倘若观察到一个人在社交场合极愿意与人沟通,并且善于调节气氛,那么便可判断此人是外向型性格。

在表达能力方面，外向型性格的人往往**善于沟通**，语言表达能力突出，情绪表达也颇为丰富，热衷于表达自己的感受。了解外向型性格的人的沟通方式以及他们在不同情境下的情绪变化，有助于更好地与他们交流，知晓其情感需求。

在参加活动和处理事情方面，外向型性格的人通常能够**适应不同的场合**，并且积极主动地参加各类活动，始终充满热情。他们对新鲜事物时常充满好奇心，喜爱探索和挑战，擅长适应不同的场合。

在决策方式方面，外向型性格的人通常在决策时更倾向于依靠外部信息和他人意见。观察他们在面对问题和困难时的决策方式，有助于了解他们的思考模式和应对策略。

内向型性格

内向型性格的人思想感情深沉，不易向外展露，注重自身内在的体验与感受，通常表现为沉默、内敛、冷静等。

内向型性格的人具有自身的优势。当遇到问题需要进行决策时，内向型性格的人倾向于独立思考，深思熟虑，创造力也较强。这致使他们在做决策时往往谨慎周全，在完成决策后也会进行自我反省；在别人表达意见时，内向型性格的人是**极为出色的倾听者**，能够经常察觉到周围人的情绪变化，进而更好地理解他人的需求和感受。

不过，内向型性格的人也存在自身的劣势。他们在社交场合往往显得腼腆拘谨、沉默寡言，不善于参与集体活动，因而人际关系不如外向型性格的人广泛；并且，他们在表达自身情感方面也较为欠缺。

需要注意的是，无论外向型性格还是内向型性格，都分别具有优势和劣势，因此**性格没有绝对的好坏**之分。当我们找到**性格互补**的人成为朋友时，能够做到取长补短、相互学习、共同成长，从而提高解决问题的效率。

第三方的评价，足可参考

除了与想要了解的朋友直接接触外，通过**侧面的方式**倾听他人对此人的评价，也不失为一种好方法。

专注倾听才能有收获

林语堂在《生活的艺术》中谈道："因为希腊人酷爱这个人生和这个宇宙，他们除了专心致志，科学地去理解物质世界外，也应注意于理解人生的真善美。" 以专心致志的态度倾听别人讲话，既能培养自身全神贯注的做事态度，也是对他人的一种尊重。

在具体的倾听过程中，我们需要投入全部精力去关注对方的言语和情感。这意味着我们要真正沉浸其中，不受外界干扰影响。

保持眼神交流至关重要，通过眼神交汇，能让对方感受到我们的专注与认真，使其明白我们在用心聆听他的每一个字、每一句话。当我们听别人说话时，最好**不要做任何无关之事**。因为任何无关举动都可能分散我们的注意力，导致错过一些重要信息。

想象一下，对方满怀期待地向我们倾诉，而我们却在东张西望，或者摆弄手中的物品，这会给对方带来怎样的感受？他们可能会觉得我们对其所说内容毫无兴趣，甚至可能因此感到伤心失落。这种行为不仅会损害我们与他人的关系，还会使我们在他人心中的形象受损。如果说话的人看到我们如此心不在焉，那么他对我们想了解的人的评价也可能受影响。因为他会觉得我们缺乏基本的尊重和礼貌，从而对我们产生负面看法。他可能认为我们是不懂得倾听、不尊重他人的人，这样的印象一旦形成，便难以改变。

为了真正做到倾听他人，我们需要时刻提醒自己保持专注和礼貌。当别人说话时，我们要将所有注意力集中在对方身上，用心感受他的情绪，理解他的话语。我们要学会放下手中事务，给予对方足够的尊重和关注。只有这样，我们才能在倾听过程中收获更多信息和情感。

避免过度解读

在倾听他人评价时，我们要抓住评价的重点，**不要过分解读**对方的言辞，以免产生不必要的误解，这对于我们择善而交至关重要。他人的评价可能既包含事实，又包含观点，我们需注意区分哪些属于事实，哪些属于观点，避免因过度关注观点而忽略客观事实，从而帮助我们判断对方是否为可交之人。

例如，当我们为了解一个人是否值得交往而询问其好友对此人的评价时，好友在评价过程中可能会用绰号来称呼这个人，有些绰号虽有调侃之意，但也从侧面反映出评价者与此人的亲密程度。对此，我们应**学会辨别**，不过分解读评价者的用意，不将无关紧要的言论放大，以此更好地分辨出这个人在友情中的表现，为择善而交提供依据。

再如，当我们为了解一个人是否值得交往而询问其同事对此人的评价时，有的同事可能出于工作关系，对其工作能力给予肯定，但在描述共事过程的客观事实时，也许会无意识地透露出这个人在团队合作中的不妥之处。此时，我们不能因为同事对其工作能力的认可而忽略对客观事实的分析，也不要对同事表达的认可观点过度解读，以免产生偏颇，使我们能够更精准地判断这个人的品性与为人，做到择善而交。

积极反馈和提问

倾听他人对别人的评价，是我们择善而交的重要方式。在这个过程中，我们要适时给予对方积极反馈，如点头、微笑等，表明自己在认真倾听。如此一来，评价者能感受到被尊重与理解，从而更愿意继续深入评价，为我们择善而交提供更多参考。

当遇到不明确或模糊的评价时，我们应耐心询问，确保正确理解对方观点，获取自己所需信息。尤其是在评价者讲述客观事实时，我们可以积极思考，适时提问一些与事实相关的关键信息，把握重要细节，这有助于我们在择善而交时做出更准确的判断。

此外，我们需**保持一颗开放的心**去倾听。不要急于否定或反驳对方的评价，哪怕与我们的观点不同，也要先听完。这既能展现我们的包容，也会使对方更乐于分享想法和见解，为我们了解他人、择善而交创造更好的条件。而且，倾听结束后，我们可以适当分享自己的感受和观点，但要注意方式，不能过于强势或主导，以平等交流的态度与对方互动，使交流更顺畅、更有意义。

我们要深知，倾听是一种能力。通过倾听，我们能建立更稳固、更深厚的人际关系，还能从他人对别人的评价中汲取养分，为择善而交提供依据，不断提升自己的交友质量与水平。

不要轻易做出判断

在择善而交的进程中，我们万不可听信他人之言便轻易做出判断。 于倾听他人评价之际，除必要的反馈与提问外，我们通常不应过早下判断，而应当尊重对方的观点。即便我们对对方的看法持有异议，也需保持礼貌与尊重。毕竟，每个人都有独属于自己的视角，我们所获取的评价往往只是部分信息，并非全部。倘若轻率地做出判断，极容易以偏概全；轻易做出与评价者相悖的判断，还有可能引发不必要的误会，对人际关系的发展极为不利；而且在倾听过程中迅速做出判断，由于欠缺足够的思考时间，可能会遗漏关键信息，过于急切往往致使认知出现偏差。

同时，我们要竭力**站在对方的角度**去思考问题，尝试去洞悉他们观点形成的背景与缘由。如此，方能更客观地审视不同的评价，避免因主观偏见而产生错误的认知。并且，在倾听过程中保持谦逊的态度尤为重要，要勇于承认自身可能存在的局限性，切不可盲目过度自信。

总之，在倾听他人时，我们需要综合考量各类因素，绝不能因不当的判断影响交流的质量与效果。要始终以开放、包容、理解的心态对待每一次倾听，持续提升人际交往的素养与能力。唯有如此，我们在择善而交时方能做出明智之选，让生活与社会关系愈发和谐美好。

例如在团队合作中，倾听队友意见时，若能从他们的角度出发，理解其想法的根源，保持谦逊并接纳不同观点，就能避免冲突与误解，推动工作顺利开展，营造良好合作氛围。家庭关系中亦是这般，用心倾听家人，理解他们的立场与感受，能够增进家庭成员间的感情，让家庭更为和睦温馨。在各种社会交往场景中，这种全面且深入的倾听，皆能发挥积极效用。

倾听不同来源的评价

倾听来自不同来源的评价，能够为我们拓展多重视角，赋予我们丰富多样的观点。这是由于每个人在观察和评价他人时，都会依照自身独有的经历、性格特质以及与被评价者的关系，从而展现出各不相同的侧重点。

例如，亲人的评价或许更多地源自血缘亲情和长期共同生活的经历，他们会关注被评价者的生活习惯、情感需求以及家庭责任的担当。然而，有时亲人可能由于情感过于深厚而忽视某些问题，抑或过于包容以致不够客观。

朋友的评价通常侧重于相处时的欢乐时光、彼此的信任与支持，还有在困难时刻的相互陪伴。不过，朋友之间的情谊有时可能致使他们只看到对方的长处，而对不足之处有所漠视。

同事的评价一般围绕工作中的表现，像专业能力、团队协作精神和工作效率，等等。但职场的竞争环境可能会使评价带有一定的功利色彩。

正是因为这些来自不同关系人的评价各具特点，对于我们全面且深入地了解一个人有着极其重要的意义。我们唯有**广泛倾听、综合剖析**，方能更精准地判断一个人的品质和特性，进而做到择善而交，让我们的人际交往更具效益、更具品质。

第二章

乐观坚强者，善

　　在人生的漫漫征途中，拥有乐观坚强的朋友实乃一大幸事。他们仿若璀璨耀眼的"小太阳"，凭借积极的姿态散发着温馨与力量。遭遇挫折之际，他们毫无惧色，始终秉持端正之态，奋勇向前。这种精神深深地感染着我们，使我们于困境之中亦能笃定信念，绝不轻易言弃。

态度决定一切

态度决定一切，一个人若时常保持积极的态度，就会变得自信满满。"自信人生二百年，会当水击三千里。"这句诗充分彰显了自信的力量。自信无疑是一个人成功和成长不可或缺的**重要品质**。

当一个人拥有积极的态度和持久的自信心时，其心理会更为健康，做事效率会大幅提升，个人的潜能也能被充分激发。

正因为如此，我们乐于与这样充满自信的人交往，进而实现自我提升，让自己在与他人的相处中持续进步和成长。

积极主动，迎接变化

拥有积极心态的人在生活中常表现为**健康向上的精神风貌**，这样的人往往珍惜身边的人和事，常与人沟通和交流，积极倾听他人的想法和需求，时不时传达出对周围朋友的关心和问候。

这样的人在与人沟通时除了能做到专注倾听别人说的话，还经常会面对微笑，表现出**友好和善意**，耐心地了解对方的感受。在表达自己的想法时，会积极回应，在此基础上会表达出自己的想法和感受，使对方容易理解，从而产生良好的互动氛围，架起心与心沟通的桥梁。

在学习方面，有的人**积极主动**地学习新知识，掌握新技能；在工作方面，有的人往往先人一步，能主动且迅速地完成自己的本职工作，不需领导提醒，保质保量地完成自己的任务；在生活方面，有的人具有强烈的自我驱动力，主动帮家人分担家务活。这些人都属于积极主动做事的人，一般都具有强烈的责任感，他们对自己的目标有明确的认知，并针对性地采取行动，踏踏实实地主动做事。

我们应选择积极主动地迎接并适应新变化的朋友，他们会审时度势灵活调整自己的策略和行为，针对不同的问题采取不同的解决方法。

迈克尔·乔丹是篮球传奇人物，他的应变能力极强。在比赛中，他能够根据对手的防守策略快速调整自己的进攻方式，及时而冷静地应对各种突发情况。我们应以这类朋友为榜样，提高自身随机应变的能力，积极主动地迎接各种各样的变化。

了解自身，扬长避短

与自信且懂得**扬长避短**的人交友，实乃择善而交。自信之人往往对自身的优劣有着清晰的认知。他们善于从实际出发，充分发挥长处，在擅长领域崭露头角，同时巧妙避开短处，努力补齐短板，持续激发自身潜能。

比如，拥有出色沟通能力者会投身销售、市场推广等工作，凭借此优势游刃有余；擅长逻辑思维之人会选择编程、数据分析等行业，一展才华。正因如此，他们在工作中自信满满，对未来充满乐观。

这些自信者深知，清晰地了解自我是成长进步的关键。他们不逃避自身不足，而是勇敢正视，将其视为自我提升的契机。通过不懈努力与实践，他们逐步化劣势为优势，朝更出色的方向迈进。生活中此类事例比比皆是。像一位钟情绘画之人，深知自己色彩运用天赋异禀，却在构图上存在不足。于是，他耗费大量精力钻研构图，坚持练习，终在绘画领域成就斐然。再如一位写作爱好者，明白自身情节设计能力有待加强，便广泛研读佳作，汲取他人创作精华，进而提升写作水平。

当这类自信者在专长领域有所建树时，还会把积极能量传递给周围人。他们成为众人楷模，激励更多人发掘自身长处，勇敢逐梦。与这样的人交友，我们能受其感染，学会审视自我，必要时调整发展方向。总之，和懂得扬长避短的自信者为友，是明智之选，能让我们在成长道路上受益良多，走向更美好的未来。

制订并完成计划

"凡事预则立，不预则废。"一个人若能在**做事前精心准备**，制订出详尽周密的计划，那么在行动时便能胸有成竹，自信从容地去达成目标。反之，如果毫无计划和步骤，就容易盲目行动，导致任务无法按时完成，长此以往，自信心必然受损。

会制订计划的人，其计划往往围绕清晰明确的目标展开。当计划制订完毕，他们便能清晰知晓自己的努力方向，从而有条不紊、有的放矢地付诸行动。如此一来，不仅办事效率大幅提高，自信心也会随之增强。在计划执行过程中，难免遭遇意外状况。而那些行动力强的朋友，能够依据实际情形及时**对计划进行调整和改进**，总结经验教训，最终实现目标。这种经历为后续的计划制订和执行积累了宝贵财富，使他们的自信心和执行力愈发强大。

因此，在生活中，我们应多与这类善于制订计划且行动力强的人为友。与他们结交，能让我们学到诸多可贵之处。他们的计划性会使我们明白做事有条理的意义，其强大的行动力则能激励我们摒弃拖延与懒惰。我们可以和他们交流计划制订的窍门，分享执行中的问题与解决之道。同时，我们自身也要积极培养制订计划和高效执行的能力，从日常小事做起，设定清晰目标和具体步骤，逐步落实。在此过程中，不断锤炼应变和解决问题的能力，让自己走向成熟自信。计划并非铁板一块，要保持灵活变通。正如那些善于调整计划的朋友，我们也要在变化面前及时应变，不为困难和意外所困。持续实践积累，我们定能更从容应对各类情形，自信心也将不断上扬。让我们努力成为既会制订计划，又有强大行动力和充足自信的人，在人生旅途上稳步迈进。

结识这样的朋友，我们可以从他们身上学到很多宝贵的品质和方法。他们的计划性会让我们明白做事有条理的重要性，而他们的行动力则会激励我们克服拖延和懒惰。我们可以与他们交流制订计划的技巧和经验，分享在执行过程中遇到的问题和解决办法。同时，我们自己也要积极培养制订计划和高效执行的能力。从日常的小事开始，给自己设定明确的目标和步骤，一步一个脚印地去实现。在这个过程中，不断锻炼自己的应变能力和解决问题的能力，让自己变得更加成熟和自信。而且，我们要明白计划不是一成不变的，要保持灵活性和开放性。就像那些善于调整计划的朋友一样，我们也要学会在面对变化时及时做出调整，不被困难和意外所阻挠。通过不断地实践和积累，我们会发现自己越来越能够从容应对各种情况，自信心也会不断提升。让我们都努力成为一个有计划、有行动、有自信的人，在人生的道路上稳步前行。

遭遇挫折，更见真章

当一个人拥有了积极乐观的心态后，能够帮助其积极面对各式各样的挫折、挑战和压力，进而不断增强心理承受能力，在逆境中成长，化危机为转机，从而实现自己的目标。与这样的人交友，我们往往也会受其感染。尤其是一个朋友在困厄中重新站起来，通过披荆斩棘的艰苦奋斗得偿所愿后，也会鼓励我们**战胜各种挫折**。

老朋友！如果没有你，我不会这么快就从创业失败的阴影里走出来！

善于调节情绪

"人生不如意，十之八九。"在漫长的一生中，人们不可避免地会遭遇各种或大或小的挫折，由此产生负面情绪实属正常。然而，关键在于发泄完这些痛苦情绪后，要**积极调整心态**，努力从困境中挣脱出来。

调节情绪是心理健康的关键要素。当人们意识到当下所遭遇的挫折是导致负面情绪的根源后，选择适当的方式来接受并宣泄内心的痛苦与不满是合情合理的。有人会暗自垂泪，有人会向他人倾诉，有人会借笔抒怀，还有人会参与娱乐活动或运动来分散注意力。通过这些多样的调节情绪之法，能够有效地舒缓压力。

就像北宋大文豪苏轼，他仕途坎坷，多次在官场被贬谪，但始终能以乐观之态面对人生挫折。他善于通过写诗来调节情绪，作为豪放派的代表，其诗作常展现出豁达洒脱的人生态度。"竹杖芒鞋轻胜马，谁怕？一蓑烟雨任平生"等名句，生动地勾勒出这位旷达诗人的形象。

和善于调节情绪的人交友，无疑是择善而交。他们面对挫折时的从容，调节情绪的智慧，都能深深地感染我们。在我们陷入情绪低谷时，他们能给予引导和支持，帮助我们更快地走出阴霾。与这样的人相伴，我们能学会如何以平和的心态看待困境，用积极的方式调整情绪，让我们的内心更加坚韧，生活更加阳光。

失恋了有啥好哭的？走，哥带你打球去！

总结经验，解决问题

孟子，这位中国古代著名的哲学家，倡导人们应持续总结过往的经验教训，以更好地指引未来的行动，他曾说："观往事，以自镜。"在宣泄完痛苦情绪后，从挫折中总结经验和教训，乃是个人成长与进步的必由之路。

有些朋友在回顾往昔于学习、工作和生活中遭遇的困境或失败时，会深入分析其中缘由，反思问题的根源，不管是自身能力的欠缺，还是顾虑过多，抑或是受到他人干扰，等等。找出原因后，便能提取一系列经验，甚至总结出规律性的方法，进而为日后提供改进的方向，规划未来的道路，调整自身的思维模式，尽量避免重复犯错。

办法总比困难多。面对现存的问题和遭遇的挫折，应当**具体问题具体分析**，找准个性化的切入点，制定切实可行的解决方案。在执行过程中，有的朋友完全依靠自身力量独立战胜挫折；有的朋友在自身现有能力无法解决的情况下，选择向他人求助或者与他人合作完成，这也不失为一种良策。

正所谓众人拾柴火焰高，不同的人拥有不同的思维方式和丰富经验，通过合作，能够有效地汇聚各方智慧，进而碰撞出更多灵感的璀璨火花。在合作的历程中，他们学会倾听他人的意见，学会相互协调与配合。这不仅对问题的解决益处多多，更能让他们拓展人际关系，大幅提升团队协作的能力。无论是选择独自拼搏，还是携手合作前行，关键都在于怀有坚定的信念和不屈的精神。挫折仅仅是暂时的，只要他们持之以恒地努力，就必定能够找到突破困境的有效办法。在这艰难的进程中，他们始终保持积极乐观的心态，坚决不被困难所吓倒，坚信自己最终一定能够战胜一切。

与他们交友，能够学到众多有益的经验，实现共同成长。从他们每一次的挫折经历中充分汲取养分，丰富自身的知识和技能储备。如此一来，当我们未来再次遭遇类似问题时，便能更加泰然自若地应对，更加高效地解决遇到的难题。

生活中的挫折无可避免，但他们的经历恰是我们成长和进步的催化剂。让我们勇敢地向他们靠近，学习他们直面挫折的勇气，运用智慧和力量去战胜挫折，在挫折中磨砺自身，坚定地迈向更为辉煌的人生道路。我们要与有这种精神的人交友，从他们身上获取力量，为了美好的未来竭尽全力地拼搏，使每一次的挫折都成为我们迈向成功的坚实阶梯。

另辟蹊径，转换视角

另辟蹊径的人往往拥有创新思维，能够挣脱固有的思维模式的束缚，敢想敢为。就像宋朝的怀丙和尚，当时河中府有一座浮桥，由八头几万斤重的铁牛固定。某次河水暴涨冲断浮桥，铁牛沉入河中，朝廷招募能捞出铁牛之人。怀丙和尚巧妙地用两艘装满泥土的大船系住铁牛，再用形如秤钩的大木头钩住铁牛，然后缓缓除去船上泥土，船浮出水面时铁牛也随之浮起。由此可见，怀丙和尚凭借灵活变通成功破解难题。

"条条大路通罗马。"遭遇挫折后，若现有的道路行不通，另寻新路或者闯出一条新路，并非不可行。有时，尝试新的解决方法甚至会比惯用之法更胜一筹。

有些人在遇到挫折后，用尽各种方法仍无计可施，便就此消沉、悲观，虚度光阴。实则大可不必，过去之事已然发生，即便竭尽全力也无法改变，也应当调整心态，转换视角看待问题，将挫折视作人生的宝贵财富。

例如，有人为过去所做的抉择懊悔，致使当下生活不如意，且已无法重新选择、无力改变。在这种情况下，应想到当时的选择是基于彼时的生活经历和阅历做出的，过去的自己并非犯下不可饶恕的过错，一味懊悔自责毫无意义，应当与过去的自己和解，莫要钻牛角尖。通过转换视角，应当明白无论当时做出何种选择，皆有利弊，事物皆具两面性，要用全面、长远且发展的眼光看待问题，积极拓宽视野。消除后悔情绪，乐观面对当下的一切。

和善地与另辟蹊径、转换视角的人交友，无疑是择善而交。他们面对困境时的灵活与睿智，看待问题的独特视角，能给予我们深刻的启发。当我们在挫折中迷茫时，他们能引导我们转换思路，以全新的角度审视问题，帮助我们摆脱困境，收获成长。与这样的人为友，能让我们学会在困境中寻找突破，以积极的心态拥抱生活，让人生之路更加开阔明朗。

不止看说，更要看做

与行动派为友，就仿佛拥有了一位不知疲倦的引领者。他们那勇往直前的精神，会如同一股强大的动力，激励着我们摆脱犹豫和迟疑，勇敢地迈出每一步。当我们还在计划的蓝图前徘徊时，他们已经踏上征程，用实际行动为我们展示了何为果敢与决断。

坚持良好的人际关系

与善于处理和维护人际关系的朋友交往，我们自身能够收获诸多益处。在和谐融洽的氛围中，双方能够共同成长，心灵的距离也会不断拉近。

良好的人际关系并非瞬间形成，而是依赖人与人之间的**长期相处与磨合**。"路遥知马力，日久见人心。"当我们开始与某人交往时，如果他始终高度重视友谊，长久以来都秉持善良之心对待他人，对朋友保持充足的耐心，那么此人便是值得我们深入交往的。

如今，随着生活压力的不断增大，社交恐惧正迅速侵袭人们的生活。患有社交恐惧的人，仿佛被困在无形的囚笼之中，难以构建和谐的人际关系，时常感觉自己如同一座孤立的岛屿。例如，有的人平日里很少与同事交流，一想到参加周末的团建，就会感到紧张，甚至总会在团建之前预想多种尴尬的场景。需要注意的是，有社交恐惧的人不应忽视或放任这种状况，要坚信社交恐惧是能够调节和改善的。可以借助正确的方式方法来表达自我、激励自我，在他人的协助下提升克服紧张情绪的能力，并通过长期的坚持来逐步优化人际关系。

和善于处理人际关系的人交友，是明智的择善而交。他们的经验和智慧能够引导我们更好地与人相处，帮助我们避免社交中的困扰和误解。在他们的影响下，我们能够学会建立和维护良好的人际关系，拓展自己的社交圈子，让生活更加丰富多彩。

坚持事业的发展进步

在竞争激烈的职场中，**坚持不懈**乃是推动工作与事业发展的强大动力。那些始终坚定朝着正确方向前行，无论遭遇何种困难和竞争压力，都能秉持坚持不懈精神的人，往往能在事业上不断取得新的突破。

他们积极进取，从不满足于现状，总是在探索更好的工作方法和策略。他们守正创新，既能坚守正道，遵循行业的基本准则和规律，又敢于突破传统，引入新的理念和技术。

和这样**坚持事业发展进步**的人交友，无疑是择善而交。他们会以自身的行动激励我们勇往直前，在我们迷茫时为我们指明方向。从他们身上，我们能学到坚韧不拔的毅力、勇于创新的思维以及积极乐观的态度。他们的存在让我们明白，只要坚持不懈，就没有克服不了的困难，没有实现不了的目标。在他们的影响下，我们也会更有动力去追求自己事业的发展与进步。

坚持健康生活

如今，生活压力与日俱增，娱乐方式愈加多样，不少人陷入了长期熬夜的不良循环，这给身体健康带来了极大的危害。然而，有些朋友在认识到熬夜的弊端后，在生活中展现出了极高的自律性。他们每天坚持规律作息，早睡早起，确保拥有充足的睡眠时间。如此一来，不但有利于身体各机能的良好运转，增强免疫力，降低患病风险，而且能够显著提高白天学习和工作的效率，使人思维清晰、精力充沛。

"生命在于运动。"部分人为了保持健康的身材，依据自身的身体状况和时间安排，精心制订了合理的运动计划，并且日复一日地坚决执行。随着时间的推移，他们不仅恢复了理想的身材，还增强了体质。

此外，健康生活还涵盖均衡饮食、注重个人卫生等诸多方面，每一个方面都需要长久地坚持。与坚持健康生活、拥有良好习惯的人交友，是明智的择善而交。他们宛如生活中的榜样，以自身的行动潜移默化地影响着我们。与他们相处，我们会受到激励，更有动力去养成规律作息的习惯，远离不良嗜好。他们对运动的坚持会带动我们积极投身锻炼，让我们在挥洒汗水的过程中释放压力，增强体魄。他们在饮食上的均衡搭配也能引导我们合理膳食，摄取丰富的营养。他们对个人卫生的重视会促使我们更加注重自身的清洁与健康。总之，与这样的人交友，能让我们在追求健康生活的道路上少走弯路，收获更加美好的人生。

独立坚强，勇于担当

　　在我们的身边，那些优秀的朋友常常具备**独立意识和强烈的责任感**。独立自主的人，拥有独立思考和付诸行动的能力，他们不依赖他人，能够自主地做出判断和决策。而勇于承担责任的人更是难能可贵，他们在关键时刻从不退缩，总是能够挺身而出。

无论是在工作还是生活中，当面临困难和挑战时，勇于承担责任的人会脚踏实地去做事。他们不会推诿责任，而是主动承担起应尽的义务，努力寻找解决问题的方法。他们的这种品质，不仅能让事情得到妥善解决，还能给身边的人带来安全感和信心。

与勇于承担责任的人交友，是择善而交。他们的担当会激励我们变得更加勇敢和负责，让我们在面对责任时不再逃避，而是积极应对。在他们的影响下，我们也会学会承担责任，不断成长和进步。

敢于做真实的自己

独立的重要前提之一，便是**敢于做真实的自己**。这要求我们依据自身的内心感受与认知，勇敢地做出选择，而非被外界的压力与期望所左右。唯有敢于展现真实的自我，才能够真正实现内心的独立。

"金无足赤，人无完人。"每个人都具有自身的优点与缺点。一个敢于做真实自己的人，会坦然面对自己的长处和短处，不会刻意将自己伪装成毫无瑕疵之人，而是致力于改正缺点，弥补不足。

一个成熟的个体应当拥有自己判断是非的标准与原则。虽说他人的观点值得考虑和借鉴，但只要自己的判断合理恰当，就应当以自身的判断标准和处事原则为主，切不可盲目迎合、取悦他人，毕竟最了解自己的人终归是自己。

敢于做真实的自己，还体现在勇于**抒发自己的想法和感受**。不会把它们压抑在心底，而是在恰当的场合果敢地表达出来。比如在社交场合中，那些大胆表达自身感受或对某个话题发表看法的朋友，能够增进与他人的交流与互动，促使友谊朝着健康的方向发展；当在工作中遭遇不公正待遇时，在注重合理表达方式的前提下，勇敢地向相关人员提出建议，勇于表达自己的看法与感受，期望能够改善现状。

　　和敢于做真实的自己的人交友，乃是择善而交。他们的真实和勇敢会感染我们，让我们也有勇气面对真实的自我，遵循内心的声音去行动。在他们的影响下，我们能学会坚守自我，独立思考，勇敢表达，从而收获更加真诚、自在和有意义的人生

发扬独立自主的精神

　　布迪曼也曾这样说道："最本质的人生价值就是人的独立性。"一个人只有学会自立才有可能成功，才会活得有尊严，否则永远都是一个长不大的孩子。

　　独立自主是一个人成熟和发展的标志，它对个人的成长和成功有着重要的影响，是拥有坚强意志的基础。我们周围独立自主的朋友，经常独立思考并解决问题，善于管理自己的时间、财务等等，能够自己激励自己来达成目标、做出具体决策，独立处理学习、工作和生活中的各项事务。

　　和独立自主的人交朋友是非常有益的。他们能够成为我们的榜样，激励我们也变得更加自主。当我们看到他们凭借自己的能力去应对各种挑战，我们也会被这种精神所感染，从而努力提升自己的能力。他们会在我

们迷茫时给予恰当的建议，而不是直接替我们做决定，让我们有机会锻炼自己的思维和判断能力。

倘若缺乏自主性，便可能过度依赖他人。长此以往思考能力与自主判断能力将会被削弱。在工作中，过分依赖同事，不愿凭借自身力量承担责任，这样的人很难在职场获得晋升；在恋爱中，过度依赖伴侣，将爱人视为生活的全部，不仅会迷失自我，还容易在感情中受伤。

要是我们总是和过度依赖他人的人相处，或许会受其依赖情绪的影响，自己也变得缺乏自主性。这样的氛围对我们的成长进步非常不利。

第三章

赠人玫瑰者，善

"赠人玫瑰，手有余香。"与这样的人交往，我们能感受到无尽的温暖和力量。他们的乐于助人并非出于功利，而是源自内心的善良和对他人的关爱。他们的行为不仅能解决他人的燃眉之急，还能在潜移默化中感染身边的人。在这个充满善意的交往中，我们会学会关爱他人，懂得付出，从而让自己的人生更加充实和有意义。

以"知"会友，分享中结"良缘"

"独学而无友，则孤陋而寡闻。"**选择乐于分享知识、传递经验**的朋友是可以更好地了解外部世界，选择这样的朋友是我们不断完善自己的标尺。一个人只是"闭门造车"式学习，而不接触外部环境是行不通的。只有与朋友共同学习、集思广益、取长补短，才能弥补自身的缺憾，获得更多知识。

为他人答疑解惑

不论是在工作还是生活中，我们都应当与那些乐意在工作中为他人答疑解惑的人多多交往。当我们在工作中遭遇困境时，向这样的朋友求助，通常能使诸多难题得以迎刃而解。

那些在**工作中乐意为他人答疑**的朋友，往往耐心且友善地倾听他人的问题与困惑，并认真思索如何给予回应。他们追求客观中立，竭力避免主观臆断。在回答过程中，倘若遇到用专业术语或复杂语言难以解释清楚的情形，他们会采用通俗易懂的表述，以保证他人能够很好地理解；当单一的理论阐释令人困惑时，他们还会列举具体实例来协助他人更好地领会问题和概念；要是碰到自己不确定或者无从下手的问题，他们绝不会不懂装懂，为求谨慎，他们常常会借助参考资料或者请教更擅长此类问题的人；如果面对有一定工作基础和些许思路的求助者，他们则会适度引导对方思考，善于启发他人，激发对方的工作动力，正应了"不愤不启，不悱不发"这句话。

在工作中，有些人明明知晓相关知识，却不愿告知他人。这类人或许存有竞争心理，担心对方掌握知识后超越自己，然而他们却未曾领悟到为他人答疑解惑的好处。通过向他人阐述自己的理解过程，为他人解决工作问题，能够让自己掌握的知识更加扎实，在帮助别人之后，内心也会产生满足感，体会到学有所用的快乐，同时还能收获珍贵的友谊。

和愿意在工作上帮助别人答疑解惑的人交友，实乃择善而交。他们的热心与智慧能为我们的工作之路照亮前行的方向，在他们的影响下，我们也会变得乐于分享，善于助人，共同在工作中取得进步，收获成长与情谊。

传授经验和方法

著名企业家李嘉诚曾言："我觉得我最大的贡献就是把一些东西教给了别人，让别人受益了。"正如一个人拥有一个苹果，他既可以独自享用，也可以选择与他人分享。倘若选择分享，便能让其他人也领略到这个苹果的美味与营养，使他们感受到生活的美好。

我们理应选择那些愿意向他人传授各类经验和方法的朋友。通过这种分享，一方面能够提升分享者自身的影响力和价值；另一方面也能使他人获益，助力他们尽可能少走弯路，更好地生活和成长。

无论是学习方法、生活经验，还是职场经验等，皆为宝贵的精神财富，具有如同方法论一般的重要指导意义。有的朋友通过面对面的讲解进行传授，有的朋友借助书写的文字予以传授，有的朋友利用音频、视频等新媒体形式来传授，还有的朋友通过实践活动来传授。丰富多样的传授方式，令人印象深刻，让人获益良多。

与**愿意传授经验和方法**的人交友，乃是择善而交。他们的慷慨分享，宛如明灯照亮我们前行的道路，让我们在面对各种问题时能够更加从容，在成长的道路上能够更加顺畅。在他们的影响下，我们也会更愿意将自己的经验和方法传递给他人，形成积极向上、互帮互助的良好氛围。

推荐好的书刊和课程

歌德曾说："读一本好书，就是在和高尚的人谈话。"而那些愿意分享书刊的人，就如同为我们架起了与高尚对话的桥梁。他们的存在，让我们在书海的探索中不再孤单迷茫。

愿意分享书刊的人，往往拥有一颗热爱知识、乐于传播智慧的心。他们精心挑选的每一本好书，都像是一份珍贵的礼物。当他们将这些书刊推荐给我们时，不仅传递了文字的力量，更传递了温暖与关怀。

这些人所分享的书刊，其价值不仅在于内容的精彩，还在于分享者所赋予的独特见解和感悟。他们会在分享时讲述自己的阅读体验，让我们对书籍有更深刻的理解和期待。

与愿意分享书刊的人交往，是一种明智的择善而交。他们的分享能够引领我们走进未知的知识领域，拓展我们的思维边界。当大家因为一本书而产生共鸣，交流心得，思想的火花便在碰撞中绽放。在这样的交往中，我们能节省筛选书籍的时间和精力，更精准地获取适合自己的精神滋养。他们的推荐仿佛是一盏盏明灯，照亮我们在书海航行的道路。而且，这种交往会营造出浓厚的学习氛围，激励我们不断追求知识的积累和心灵的成长。我们也会在他们的影响下，学会分享，将这份对书籍的热爱传递下去。让我们珍惜与这些愿意分享书刊的人的相遇和相知，在他们的陪伴下，让人生更加充实和有意义。

有自己的见解和看法

在我们漫长而多彩的人生旅程中，人际交往无疑是其中极为重要的一环。而在选择交往对象时，那些对事件或事物能够拥有独特想法和见解的人，往往应当成为我们的首选。这并非是一种随意的偏好，而是一种充满智慧的择善而交。

当我们身处复杂多变的世界，每天都会面临各种各样的事件和事物。然而，大多数人可能只是匆匆一瞥，随声附和，很少去深入思考其背后的本质和意义。但那些拥有**独立思考能力和独特见解**的人则截然不同。他们不会盲目跟从大众的观点，也不会被表面现象所迷惑。他们会静下心来，运用自己的知识、经验和智慧，对所接触的事物进行深入剖析和思考。

比方说，当我们与朋友一同探讨旅游这个话题时，朋友向我们介绍了一个我们未曾涉足的旅游景点。为了在我们的脑海中构建出清晰生动的画面，朋友会细致入微地描述该景点的历史变迁、建筑特色、当地美食等，然后阐述自己的看法。如此一来，我们便能够在轻松愉悦的聊天中轻松获取相关知识，日后若有机会参观这一旅游景点，也有了参考的依据。

比如，在面对社会热点事件时，他们不会仅仅局限于媒体报道的表面内容。他们会从多个维度去审视，考虑到事件的历史背景、社会环境、相关人物的动机和利益等因素。他们能够清晰地分辨出事件中的关键因素和次要因素，从而形成全面且深刻的观点。他们的见解如同一盏盏明灯，照亮了我们思维的盲区，让我们得以从全新的角度去理解问题。我们会惊叹于他们的敏锐洞察力和深刻分析能力，也会在不知不觉中被他们的思考方式所影响，从而学会更加**全面、深入**地看待社会现象。

在探讨艺术作品时，他们的**独特视角**更是令人眼前一亮。他们能够从色彩的运用中解读出作者的情绪变化，从音符的跳跃中感受到旋律背后的故事，从文字的排列中领悟到作者想要传达的核心思想。与他们交流艺术，我们不再是旁观者，而是参与者和探索者，能够真正走进艺术的殿堂，领略其无尽的魅力。

与有想法和见解的人交往，其益处远不止于此。他们的思考方式和观点就像一把钥匙，能够不断开启我们思维的枷锁，拓宽我们的认知边界。在日常的交流中，他们的每一次发言都可能成为我们思维的触发器，激发我们去质疑固有的观念，勇敢地探索未知的领域，大胆地进行创新和尝试。我们会开始反思自己的思维模式，学会从不同的角度去看待问题，不再局限于单一的视角。这种思维的碰撞和融合，就像是一场智慧的盛宴，让我们在不断地交流和探讨中，逐渐提升自己的**认知水平和解决问题**的能力。

而且，当我们在生活中遇到困难和抉择时，他们基于自身思考和经验给出的建议往往具有极高的价值。他们不会简单地告诉你应该怎么做，而是会引导你去思考问题的本质，帮助你分析各种可能性和后果。

同时，与这样的朋友相处，还会对我们自身的成长产生积极的影响。他们的独立思考和勇于表达的态度，会激励我们努力去培养自己的思考能力，形成属于自己的独特见解。在他们的带动下，我们会更加注重知识的积累和思维的训练，不断提升自己的综合素质。这种相互促进的成长环境，将促使我们不断进步，成为更好的自己。总之，与那些能够对事件或事物有自己想法和见解的人交友，是我们在人生道路上不断丰富内涵、提升自我、走向成熟的关键选择。

帮朋友，交真心

"桃花潭水深千尺，不及汪伦送我情。"结识热心帮助朋友之人，意义极为重大。我们自身能够从中获得极大的助力和前进的动力，从而促使双方**共同成长与发展**。热心助人的朋友不仅能够在精神上予以支持，在其他方面如提供建议、给予鼓励等也能够发挥重要作用。

这两千块钱你先拿着用！和我别客气！

太谢谢你了！

善倾听，懂理解，会鼓励

在生活的长河中，交友是一门至关重要的学问。真正的善交，是与那些能够**倾听**理解朋友感受、**鼓励**朋友战胜困难的人建立深厚的情谊。

当朋友敞开心扉倾诉时，他们会全神贯注地聆听，眼神中充满关切，不会有丝毫的不耐烦或心不在焉。他们懂得在恰当的时候给予回应，用温暖的语言表达理解和支持，而非随意打断或敷衍了事。

当朋友面临困惑，向他们寻求意见时，他们不会急于给出简单的答案，而是设身处地地思考，认真分析问题的各个方面，然后给出切实可行的建议和引导。

他们善于倾听朋友内心深处的声音，能够敏锐地捕捉到朋友情绪的细微变化。在朋友感到失落、沮丧甚至绝望时，他们不会冷漠旁观，而是用真诚的话语和行动**给予安慰和鼓励**。

他们会告诉朋友："别怕，我懂你的感受，这只是暂时的困境，你一定能走出来。"当朋友因失败而自我否定时，他们会坚定地说："失败是成功的垫脚石，你的努力和付出我都看在眼里，继续加油，你一定行！"

这样的人，能让朋友在困境中感受到温暖和力量，重新燃起希望的火焰，勇敢地面对生活的挑战。与他们交友，我们的心灵能得到滋养，情感能得到寄托，在人生的道路上不再孤单和迷茫。

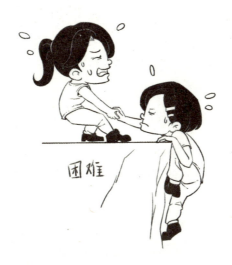

所以，与能倾听理解朋友感受、鼓励朋友战胜困难的人交友，才是真正的择善而交。这种友情让我们在风雨中依然能坚定地迈出每一步，走向美好的未来。

帮助朋友解决困难

在人生的旅途中，朋友的存在至关重要。而真正值得交往的朋友，是那些在我们遭遇困难时，能够挺身而出、帮助我们解决难题的人。

当我们面对自身无法克服的困难时，他们伸出援手与我们共同应对。人们渴望的不仅仅是能一同分享成功欢乐的朋友，更期盼有能在患难中携手前行的挚友。在携手克服困难的历程中，双方都有可能获取新**的知识和技能**。当成功摆脱困境，彼此都会体验到轻松与愉悦，这无疑有助于共同提升幸福感、成就感，增强彼此的信任感，进而让友谊更加深厚。

唐朝诗人刘禹锡和柳宗元的友情堪称典范。他们曾一同被贬官，柳宗元被贬至柳州，刘禹锡被贬往播州。柳宗元深知刘禹锡的母亲年事已高，难以适应太过偏远之地，若刘禹锡不带母亲前往，可能便是母子永别。于是，柳宗元毫不犹豫地挺身而出，甘愿冒着再次遭受重罚的风险，申请与刘禹锡调换，自己准备前往偏远的播州，让刘禹锡带着母亲去柳州。在柳宗元的不懈努力下，刘禹锡的境遇得到了一定改善，当权者改派刘禹锡去连州。由此可见，柳宗元这种能为朋友着想，在关键时刻竭尽全力帮助朋友排忧解难之人，才是值得深交的挚友。

在现实生活中，我们应当选择那些乐于助人的朋友。求职期间，若我们始终未能找到合适的工作，朋友及时帮忙推荐良好的工作机会；工作时遇到难以解决的难题，朋友的及时协助；生活里遭遇家庭矛盾需要调解，朋友亲自出面协调处理。

所以，与能帮助朋友解决困难的人交友，才是择善而交，这样的友情方能经得住风雨的考验，陪伴我们走过人生的起伏。

以奉献为友，行善美

在择友的道路上，选择善良之人至关重要。而真正的善友，是那些**不求回报、默默奉献**之人。我们不仅要考察这位朋友对其亲人、朋友是否一贯保持友善，是否乐于提供帮助，还要留意他对陌生人的态度。

热心肠，乐助人

行走在路上，有人热心地为迷茫的路人指明方向；看到行动不便的陌生人，会主动上前搀扶其过马路；遇到老人搬着重物，会毫不犹豫地伸出援手相助；在公交车上，会主动把座位让给更有需要的人；捡到他人遗失的物品，会积极主动地归还给失主。这些热心的朋友或许觉得自己所做的只是些微不足道、力所能及的小事，然而，他们的热心之举却凭借善良温暖着他人，对受助者而言，或许避免了极大的损失或麻烦。

　　热心的人，他们的心中仿若燃烧着一团永不熄灭的火焰，时刻准备着为他人送去温暖与帮助。他们不会因事情的大小而决定是否行动，也不会在意自己的付出能否得到回报。他们的热心源自内心，是一种自然而然的**习惯**。

　　与热心的人交友，我们会被他们的热忱所感染。当我们遭遇困难时，他们会第一时间挺身而出，给予支持和鼓励。他们的存在犹如冬日里的暖阳，让我们在寒冷中感受温暖，于迷茫中找寻方向。

　　和热心的人相处，我们的生活也会充满阳光。他们积极向上的态度会传递给我们正能量，使我们变得更加乐观、开朗。在他们的影响下，我们也会学会了关爱他人，传递温暖，让这个世界因我们的存在而变得愈发美好。

　　所以，与热心的人交友，方为真正的择善而交。他们的热心会为我们的生活增添光彩，让我们的人生道路更加宽阔、更加明亮。

第四章

一诺千金者，善

《论语》中有言："人而无信，不知其可也。"鲁迅先生曾言："诚信为人之本。"诚实守信是一个人做人做事的根本，是人际交往中基本的道德规范，是人类社会发展的基石。

言行一致，友可交

一个人的言行应当保持一致，表里如一，说出的话应当一诺千金，说到做到。言行一致的朋友会依照自己的承诺行事，选择与这样的朋友结交，会让我们对其产生强烈的信任感。我们能够从他们身上学习这种可贵品质，也努力成为言出必行之人。

言而有信

在交友时，与**言而有信**之人结交，才是择善而交。言而有信的朋友，不管所做承诺是关乎个人还是集体，无论在公开场合还是私下交流中，都会慎重对待并全力兑现。他们深知承诺的分量，所以从不轻易许诺，但一旦许下承诺，就会将其视为必须达成的使命。

为了能够践行承诺，他们会谨言慎行，依据自身实际情况和能力做出表态，绝不大肆吹嘘。他们明白，只有对自己的能力有清晰的认知，才能给出切实可行的承诺，并最终实现它。这种务实的态度，让他们在人际交往中赢得了尊重和信任。

　　有些言而有信的朋友会率先做出承诺。在付诸行动的具体进程中，**他们会设定合理的目标**，筹划**恰当的实施时间**，所做之事始终与目标契合，保证最终完成的成果与最初的承诺精准对应。他们以严谨的规划和不懈的努力，一步步朝着目标迈进，用实际行动证明自己的诚信。

　　还有这样一部分朋友，为求稳妥，在做事之初并不急于做出承诺，而是先悄然行动。他们默默地付出努力，专注于解决问题，克服困难。待到达成目标或完成任务后，才向他人述说自己的实际成果。这种先做后说的作风，更凸显了他们的稳重和可靠。

　　与这样言而有信的人成为朋友，我们能在其影响下学会怎样守信重诺，知晓如何以诚信立身。他们仿若一面镜子，让我们见识到诚信的力量和价值。

做事不拖延

行胜于言，行动是将梦想变为现实的关键。无论是个人的发展还是社会的发展，都需要**以行动为准则**，以达到既定的目标，推动社会向更和谐的方向发展。

在生活的舞台上，行动的力量无可比拟。无论是追逐个人梦想，还是实现社会价值，唯有付诸行动，才能让一切愿景从虚幻走向真实。而拖延，恰是通往成功之路上的巨大阻碍。

与**不拖延**的人成为朋友，你会发现他们在面对问题时从不逃避。无论是烦琐的工作，还是复杂的人际关系，他们都会以积极的态度迅速应对，绝不拖延。他们善于合理规划时间，每一分每一秒都在为实现目标而努力。这种对时间的珍惜和高效的利用，让他们在生活中总是能够游刃有余。

而那些习惯拖延的人，常常在机会面前徘徊不定，白白浪费宝贵的时间。他们或是害怕失败，或是追求完美，总是给自己找各种借口推迟行动。结果往往是一事无成，徒留懊悔。

与不拖延的人交友，我们会在潜移默化中受到他们的影响。他们的行动力会激发我们内心的斗志，也让我们告别拖延的陋习，学会果断地迈出每一步。在他们的陪伴下，我们能更加勇敢地面对挑战，更加高效地实现自己的人生价值。

公开与私下都言行一致

在社会生活中，每个人都应努力做到在公开场合与私下场合里语言和行为保持一致，这既是对自身的一种要求，更是对社会的一份责任，坚决**杜绝"当面一套，背后一套"**的虚伪做派。

有些朋友，无论是在公开场合还是私人场合做出承诺，不管是在人前还是人后，都会全力以赴地付诸行动，认真践行自己的诺言，始终表里如一。然而，另一些人却截然相反。他们在领导面前声称自己工作如何努力，领导在单位时表现得兢兢业业，可领导一旦离开，就马上消极怠工，甚至在办公时间打游戏、刷视频，这种表里不一的行为令人不齿。长此以往，这必然会对个人的声誉造成极大损害，也会使其人际关系变得紧张而脆弱。

表里如一的品质无比珍贵。拥有这种品质的人，能够轻而易举地赢得他人的信任与尊重，因为大家深知他们是值得依靠、值得信赖的。无论是工作还是生活，他们的承诺都坚如磐石，让人内心安稳、踏实。与这样的朋友交往，我们会被他们的真诚深深触动，进而促使自己也朝着更加正直的方向发展。

相反，那些表里不一的人，或许短期内能获取一些蝇头小利，但时间终会揭穿他们的真面目。届时，他们不仅会丧失他人的信任，还可能遭遇职业发展的阻碍和社交上的孤立无援。在社会这一广阔舞台上，真诚和真实才是得以长久立足的根基。我们都应当以那些表里如一的人为楷模，时刻审视和规范自己的言行。力求做到言行一致，不管身处光明还是角落，都能坚定地守护自己的原则和底线。用我们的真诚与正直构建起良好的人际关系，为人生打造坚实的基础。

依据原则，随机应变

在生活的道路上，我们会遇到各种各样的情况和变化。有的朋友在做出承诺后，在付诸行动的过程中发现原来既定的策略已经不适应当下的情况，如果按照既定策略来很可能无法兑现承诺，这便需要根据实际情况**灵活调整策略**，随机应变。

在坚守大方向和总原则的基础上，我们不应拘泥于原有的既定计划，而要能够**迅速适应外界环境**的改变，高效利用资源，灵活调整策略，或者果断做出新的决策，以实现既定的目标，践行许下的承诺。

当面对复杂多变的局势时，拥有**敏锐的洞察力和果敢的决策能力**显得尤为关键。朋友或者企业的决策者需要时刻保持警觉，密切关注各种动态信息，及时捕捉细微的变化，从而迅速做出反应。这种应变能力不仅展现了他们的聪慧，更是他们在激烈竞争环境中立足和发展的核心要素。

　　在调整策略的进程中，有效的沟通不可或缺。朋友需要和相关人员及时交流，让他们明白调整的必要性和重要意义，进而获取他们的支持与配合。企业决策者则要与团队成员、合作伙伴等展开深入沟通，保证大家心往一处想，劲往一处使，共同朝着新的目标奋进。

　　这种**随机应变**的能力并非与生俱来，而是需要通过持续不断的学习和实践来培育和增强。在一次次应对挑战和变化的过程中，逐渐积累经验，锤炼意志，从而能够更加镇定自若地处理各类突发状况。此外，我们必须明白，虽然要依据实际情形灵活应变，但也不能毫无章法、过于频繁地更改策略。过度的变动可能会引发混乱和不确定性，使人感到迷茫和无所适从。所以，在做出调整时必须谨慎权衡，确保新的策略是经过深思熟虑的，是真正能够助力实现目标的。

　　总之，在面对变化时，我们要学会灵活处置，持续提升自身的应变能力和决策水平。通过合理的调整与创新，让自己始终紧跟时代的发展步伐和要求，兑现承诺，实现人生的价值和目标。不管是在个人的生活里，还是在企业的发展中，这种能力都会成为我们前行的强大助力，引领我们迈向更为璀璨的未来。

　　与那些坚定原则又会随机应变的人交友，我们能从他们身上汲取智慧和力量。他们如同明灯，照亮我们前行的道路；又似良师，指引我们在变化中坚守正道，在困境中找到转机。所以，与这样的人交友，才是择善而交。

以真诚为本，实事求是交挚友

《荀子》中有言："君子养心莫善于诚。"一个人如果想要成为君子，就必须陶冶和提高自己的思想情操，而最好的方法就**是诚心诚意地对待每一个人或事**。邓小平同志曾说："做老实人，说老实话，干老实事，就是实事求是。"用事实说话，按照实际情况想问题、办事情，是认识世界和改造世界的根本方法，有助于做出正确的决策。选择真诚待人、实事求是的朋友，好比架起了一座真实和信任的桥梁，有助于促进双方的理解和尊重。

坦率真诚

在人际交往中，与**坦率、说话真诚**的人结交朋友，无疑是一种明智之选，此乃择善而交。

真诚坦率的朋友，在与人交流时，会毫无保留地把能够分享的事情全盘托出，真心实意地表达自己的想法。他们既不会夸大其词，也不会刻意缩小事实，更不会存心误导或者欺骗他人。正是凭借这种真诚的沟通方式，使许多不必要的误会得以化解，话语的说服力也随之增强。他们以真心对待他人，用真诚的语言传递情感和想法。

然而，在现实生活中，我们也会遭遇与之截然相反的一类人。他们在与人交流时，为了达成自身目的，不择手段，不惜欺骗他人，肆意歪曲事实。这种虚伪行径或许能让他们在短期内获取一些蝇头小利，但长远来看，他们必然会失去众多真心相待的朋友，进而严重影响自身的人际关系。

真诚是友谊的基石。与坦率真诚的人交友，我们无需时刻揣测他们话语背后的深意，无需担心被欺骗和误导。他们的直言不讳或许有时会让人感到一时不适，但却能让我们看清问题的本质，促使我们不断成长和进步。在真诚的交流中，我们能够建立起深厚的信任，这种信任使友谊更加稳固和持久。

所以，让我们选择与坦率、说话真诚的人成为朋友。在他们的陪伴下，我们能够感受到真诚的力量，收获纯粹而美好的友谊，让我们的人生之路因真诚的友谊而愈发精彩和充实。

行为真诚

在人生的漫漫征程中，交友的抉择宛如一个个关键的岔道口，决定着我们前行的方向以及内心的充实程度。而与行为真诚、有原则有底线的人结交，毋庸置疑是一种充满智慧且极具价值的抉择，此乃真正意义上的择善而交。

行为真诚的人，他们的一举一动皆散发着真实与诚恳。不管是在平凡日子里的琐碎交流，还是面临重大抉择时的关键表态，他们都能以一颗真心对待他人，绝无半分虚假与做作。他们的真诚并非仅是口头上的华丽言辞，而是通过实实在在的行动鲜明展现。他们不会为了一时之私利编织谎言欺骗他人，更不会为了满足私欲做出违背良心和道德之事。

有原则有底线的人，在面对种种诱惑和巨大压力时，能够坚定不移地捍卫自己的立场。他们内心有着明晰的是非界限，深知何事可为，何事不可为，绝不轻易跨越道德和法律的红线。这种坚定的态度使他们在纷繁芜杂的社会中始终保持着正直和尊严，成为他人值得信赖和依靠的支柱。

与这样的人成为朋友，我们能深切地感受到真诚带来的温暖与安心。当我们不慎陷入困境，他们会毫不犹豫地伸出援助之手，给予我们实实在在的帮助与支持，绝非虚情假意地敷衍应付。他们的支持不单是物质上的帮扶，更是精神上的激励，能让我们于黑暗中望见希望，在困境中重新积聚力量，勇敢地振作起来。

在社会的广阔天地中，行为真诚、有原则有底线的人仿若熠熠生辉的明灯，照亮着周遭的每一个角落。他们的存在不单单是个体优秀品质的彰显，更能够以强大的感染力带动更多的人秉持真诚，坚守底线。在他们的影响下，社会将逐步营造出一个更为公平、正义和充满信任的良好氛围。

情感真诚

在人际交往的广阔天地中，情感真诚宛如那璀璨的明珠，闪耀着温暖且动人的光芒。它意味着在与他人相处时，毫无保留、毫无伪装地展现内心真实的情感。

收到他人的关怀与帮助，他们会满心感激，绝不会漠然地将其视为理所当然。那一句句真挚的感谢，那一次次真心的回报，都是他们情感真诚的体现。而当遇到心动之人，在时机恰当、双方关系水到渠成之时，他们会勇敢地表白，而非怯懦地逃避自己的真情实感。他们会用真诚的话语和坚定的行动，去追求属于自己的幸福。

在团队合作中，**情感真诚**之人会为团队的每一次成功真心喝彩，为队友的每一点进步由衷高兴。他们的笑容是那么真诚，他们的欢呼是那么热烈。这种真诚让团队充满凝聚力，大家心往一处想，劲往一处使。他们毫不掩饰对团队的热爱和对伙伴的关心，会在队友遇到困难时，给予最贴心的鼓励和最实际的帮助。他们用真诚的情感，营造出一个充满信任和友爱的团队氛围。

在社会交往中，情感真诚的人会用热忱去温暖他人。当他人遭受挫折，他们送上的是诚挚的鼓励与安慰，那温柔的话语犹如寒夜中的篝火，给予对方希望和力量。他们会耐心倾听他人的烦恼，用真心去理解和包容，让每一个与之交流的人都能感受到人性的善良与美好。

与情感真诚的人交友，我们能在真心的交流中感受到人性的美好，汲取积极的力量。他们的真诚如明灯照亮我们前行的道路，让我们学会以真心换真心。他们的存在让我们明白，真诚的情感是人与人之间最珍贵的纽带。所以，毫无疑问，与情感真诚的人交友，才是择善而交，能让我们的人生更加丰富、更加有意义，让我们的心灵在真诚的滋养中茁壮成长。

守口如瓶见人品

守信的一种重要表现便是对秘密能够守口如瓶。守口如瓶，不单单是一种优良的个人品质，更彰显在人际关系处理和承担社会责任方面的智慧。选择与能够守口如瓶的人结交，我们往往会对其产生极为强烈的信任感。

与这样守口如瓶的人成为朋友，我们在交流中无需担忧秘密被泄露，能够畅所欲言。他们的这种品质，为友谊奠定了坚实的信任基础。与守口如瓶的人交友，才是择善而交，能让我们在人际交往中感受到安心与自在。

尊重他人的口头隐私

尊重他人口头隐私的朋友，在倾听涉及他人的敏感信息和保密内容时，会报以专注和谨慎的态度。他们不会主动去询问或探究他人不愿透露的私人信息，更不会刨根问底追问过多细节。能够设身处地站在他人角度思考问题，对于他人的秘密守口如瓶，即便遭遇其他密友的再三追问，也绝不吐露半个字。

倘若这样的朋友在不经意间听到了他人的秘密，会即刻离开相应的对话场合，绝不会去探寻和扩散他人的口头隐私，以此充分展现出对他人隐私的尊重。

与这样懂得尊重并能保守他人口头隐私的朋友结交，我们无需时刻提心吊胆，担忧自己因言语不慎而造成不良后果。他们的存在让我们在交流中感到安心和放心，不必顾虑自己的秘密会被随意传播。所以，与会尊重保守他人口头隐私的人交友，才是择善而交，能让我们在人际交往中拥有一片宁静且安全的空间，让友谊在相互信任和尊重中得以长久维系。

走过路过别错过啊！我有秘密要宣布！

谨慎处理涉密文字

文字，作为信息传递最为直观且关键的载体，承载着无数的秘密与重要内容。涉密文字，涵盖了诸如敏感信息、商业机密、个人隐私以及其他具有重大价值和关键意义的内容，它们以纸质文本和电子文本的形式存在。这些涉密文字的保护，犹如守护珍贵的宝藏，一旦泄露，可能引发难以估量的严重后果。

在当今这个科技迅猛发展、新媒体如日中天的时代，网络传播的速度已达到令人惊叹的程度。信息仿佛插上了翅膀，能够在瞬间传遍世界的每一个角落。一些涉密文字，或许只是在不经意间，就可能通过邮件、短信、社交媒体等丰富多样且无比便捷的渠道迅速传播与分享。那些善于保守秘密的朋友，对待此类文字的态度谨慎到了极点。他们深知这些文字所蕴含的重要性和敏感性，内心时刻紧绷着一根弦，绝不允许自己有丝毫的疏忽。

当他们需要处理包含他人秘密的文件、信件或者电子信息时，会瞬间进入高度戒备的状态。他们会精心设置严格的访问权限，确保只有经过授权的人员能够接触到这些重要信息。对于极其关键的文件，还会采用先进的加密技术，为信息加上一层坚不可摧的防护锁。在处理过程中，他们时刻留意周围环境，小心防范任何无关人员的窥探和接触。

在暂时保管这类包含他人秘密的文字信息期间，他们不会随意翻阅，更不会向他人提及这些信息的存在。他们的心中始终**坚守着道德的底线和职业的操守**，深知自己肩负的责任重大。他们默默地守护着这些秘密，如同忠诚的卫士，保证在规定的时间内安全完整地将其归还给主人。

与这样具备良好职业道德、能够坚定不移地保守文字秘密的人交友，才是真正的择善而交。

主动回避，不逾矩

在人际交往中，择友是一门重要的学问。而选择与那些会**主动回避他人隐私、不逾矩**的人成为朋友，无疑是一种明智且有益的决定。

会主动回避他人隐私的人，他们有着敏锐的边界感和高度的自觉性。当话题涉及他人不愿提及的私密领域，他们会巧妙地转移方向，绝不刻意窥探。这种自觉不仅体现了对他人的尊重，更彰显了他们自身良好的修养。与这样的人相处，我们无须担心自己的隐私被无意或有意地侵犯，能够在交流中感受到安全和舒适。

不逾矩的人，他们懂得在各种关系和场合中遵循应有的规则和道德准则。他们不会因为一时的好奇或冲动而跨越他人设定的界限。无论是在言语还是行为上，他们都能做到恰如其分，不给他人带来困扰或伤害。

与这样的朋友交往，我们能够建立起一种基于信任和尊重的深厚情谊。在他们身边，我们可以毫无保留地分享自己的喜怒哀乐，因为知道他们会给予恰当的回应和守护。

相反，如果我们结交的朋友缺乏这种品质，可能会时常陷入尴尬和不安的境地。他们可能会在不经意间触及我们的隐私，让我们感到被冒犯；或者做出超越界限的行为，破坏彼此之间的关系。

在人生的旅途中，朋友的影响不可小觑。与知道主动回避他人隐私、不逾矩的人结伴前行，我们能够从他们身上学到如何尊重他人，如何把握与人相处的分寸。这种积极的影响会让我们自身也变得更加成熟和有涵养。

公平正直，不偏不倚

　　公平正直的朋友，在待人接物的过程中通常都会公平和正直。他们能够做到公正无私，赋予每个人应有的待遇，不会由于个人情感、偏见或者其他非公正的要素影响自己的判断和行为；不管是独自相处还是与人共处时，其行为和态度契合道德规范和正义原则，绝不屈从于不正义的要求，坚守真理和正义。这样的朋友，**不会因公徇私**，而是真诚待人，正气浩然。

公平待人

　　在人际交往的领域中，**公平待人**是一项极其重要的品质。它意味着在与他人相处时，会毫无差别地给予每个人平等的关注、尊重以及机会，绝不因个人的偏好、背景或者地位而产生偏向。这不仅是一种崇高的道德准则，更是一种被社会广泛推崇的价值观。

公平待人的朋友在生活中，无论面对的是何种种族、性别、年龄、认知水平或者社会地位的人，他们都会给予同等的尊重和关怀。在与周围的家人、朋友相处时，他们会认真倾听并尊重家人、朋友的意见和感受。即使这些观点与自己的观念存在差异，他们也会努力去理解，去接纳不同的声音。他们深知，多样性是生活的魅力所在，而公平对待每一种声音，是构建美好关系的基石。

选择与公平待人的朋友结交，无疑是一种明智且有益的选择。我们将会获得应有的尊重。同时，在这样的氛围中，我们能够更好地促进个人的发展。因为公平的对待会激发我们的潜力，让我们有勇气去追求梦想，去突破自我。进而，与这样的朋友建立起互信、互敬的健康人际关系。

公平处事

公平处事意味着以公正、不偏不倚的态度来应对各类事务。在做出决策、进行评价或者采取行动时，给予每个人平等的机会和权利去做事；依据事实和证据做出判断，而非凭借个人喜好或先入为主的观念；保证决策过程公开透明，让相关人员清楚地了解决策的依据和流程；处理事务时极力规避各种利益冲突，维持中立立场；即便无可避免地遭遇争议或冲突，也绝不偏袒任何一方，而是致力于寻求最为合理的解决办法。

在家庭或者朋友圈中，涉及共同责任和义务时，公平处事的朋友会公正地分配任务，不会让某个人承受过重的负担。当给家人和朋友赠送小礼物时，他们不会将人划分等级，而是竭尽全力考虑所有人的感受。他们会深入了解对方的喜好、兴趣和需求，尊重对方的个人品位以及文化背景，挑选适合对方的礼物。他们不会因个人的偏见或刻板印象来选择礼物，从而避免因礼物的差异而引发不必要的麻烦。

在职场里，也存在着与维护劳动者公平原则背道而驰的现象。比如，员工可能常常面临加班，可管理者却未给加班的员工支付符合法律规定的加班费，长此以往，会导致劳动者丧失劳动积极性。在某些行业中，关系和背景可能比工作表现对一个人的晋升机会影响更大。加上管理层若总是考虑"关系户"的报酬和福利，在晋升时优待关系户，对其评价全是溢美之词，却忽略了没有背景的员工的晋升空间和各项报酬，"关系户"和无背景员工的评价标准不一致，这无疑会打击无背景员工的工作积极性，对企业的稳定发展极为不利。

若公平处事的朋友处于管理者的位置，则会秉持公正的态度，**守护职场的公平**。让大家都能拥有平等的机会，不歧视能力较弱的员工。具体来讲，公平处事意味着在分配工作任务和报酬时，做到同工同酬；关注员工的福利、假期、社会保障等方面，保证员工能够享受到应有的权益；在评价员工的工作表现时，管理层应当客观且公正，避免偏袒和歧视，确保员工能够获得应有的晋升和薪酬调整机会。为了营造更加公平的工作环境，加强公平、公正、透明的企业文化，管理者应当建立通畅的投诉和建议渠道，鼓励员工针对促进公平提出意见和建议，并对员工的合理诉求及时回应和处理。

与公平处事的人交友，我们能在相处中感受到公正带来的和谐与稳定。他们的行为准则会影响我们，让我们也学会以**公平的态度**对待生活中的人和事。所以，要与公平处事的人交友，才是择善而交，这样的友谊能让我们在公平正义的氛围中不断地成长和进步。

尊重他人意见

在人际交往中，那些公平正直的朋友，除了在待人处事时有自己坚定的主见外，还突出表现在**对他人意见的尊重**上。这样的人通常怀有开放的心态，乐意接纳新的信息以及不同的观点，并且能够依据事实和逻辑来适时调整自身的看法。

这样的人在做决策时，会遵循一系列清晰明确的道德和伦理原则。这些原则往往要求他们周全地考虑所有人的权利和利益，而非仅仅着眼于自身的利益。所以，尊重他人的意见就显得格外重要，这意味着要认真聆听并思考他人的正确观点，即便这些观点与自己原本的立场相互冲突。尊重他人的意见有助于降低决策中的偏见和歧视。当我们用心倾听并尊重来自不同背景的人的想法时，我们便能更好地理解他们的经历与观点，进而避免因固有的刻板印象或偏见而做出不公正、不正直的行为。

尊重他人的意见还能够增强决策的合法性与可接受性。当决策过程充分涵盖各种观点时，最终形成的决策更有可能被视为公平合理的。此外，尊重他人的意见最终能够促进建立有效的沟通与合作关系。当人们感觉自己的观点得到尊重时，他们会更积极地分享信息、提出建议，并愿意与他人携手合作来解决问题，这有利于营造出团结、公正、和谐的社会环境。

在团队项目里，这样的朋友会耐心倾听团队中每个人的建议和想法。即便有些意见与他们自身的不同，他们也会主动探寻每个建议的长处，并尝试**整合不同的观点**，以谋求最佳的解决方案。在社交场合中，倘若出现有争议性的话题，他们会保持中立的态度，赋予每个人发言的机会，防止成为某个人的"一言堂"。他们会努力让每个人都感受到自己被倾听和重视，同时努力去理解不同的立场，而非匆忙地表达自身的看法。在家庭里做决策时，比如选择度假地点或者晚餐餐厅，他们会充分考虑每个人的偏好和意见，并尝试找到一个能让所有人都满意的折中方案。在与来自不同文化背景的人交流时，他们会尊重对方的传统和观点，即便这些观点与自身的文化习俗存在差异，依然会展现出对多样性的尊重和接纳。

所以，要与尊重他人意见的人交友，才是择善而交。这样的朋友能够为我们带来积极的影响，让我们在相互尊重和理解的氛围中共同成长。

为人耿直

为人耿直的朋友说话直爽，一身正气，从**不虚伪做作**。与这样的朋友打交道，会提高沟通效率，赢得他人的尊重和信任。

为人耿直的朋友一般说话较为直接，不拐弯抹角，说话的内容往往精简而明确但言语又不伤及他人。他们一般不会考虑过多的人情世故，好打抱不平，觉得与争名逐利的人同流合污与自身的价值观严重不符。这种追求正义和诚实，不屈服于外部邪恶力量的压迫精神，让他们显得有些特立独行。

然而，正因为他们的言辞过于直接，有时会被人误解为"不近人情"。在一些情况下，他们可能会因为过于直率而伤害到别人的感情。因此，耿直的人也需要在批评他人时讲究策略，以减少可能造成的误解和冲突。

在现实生活中，也有一些人的性格像古代的不少清官一样耿直。例如，一位医生在诊断过程中发现患者家属试图通过行贿来获取良好的治疗结果，但这位医生为人直爽而正直，直截了当地拒绝了家属的贿赂，晓以大义，按照医学原则为患者提供最佳的治疗方案。

　　尽管耿直的人可能会面临一些误解和挑战，但他们的存在对于社会和我们的生活有着不可忽视的价值。他们就像一面镜子，能够清晰地映照出事物的真实面貌，让我们时刻保持清醒和警觉。在团队合作中，耿直的朋友能够直言不讳地指出问题所在，促使大家及时纠正和改进，避免问题扩大化。他们的真诚和坦率能够营造出一种透明的氛围，让每个人都能畅所欲言，共同为目标努力奋斗。而且，他们的坚定信念和原则性也会感染身边的人，让大家更加坚守自己的底线和道德准则。

　　当我们与耿直的朋友相处时，我们要学会理解和包容他们。不要因为他们偶尔的直言不讳而心生不满，而是要看到他们背后的善意和真诚。同时，我们也可以适当地给予他们一些建议，帮助他们在表达自己观点的时候更加注意方式方法，减少不必要的冲突。

　　此外，耿直的朋友往往能够带给我们一种纯粹的快乐和轻松。和他们相处，不必担心有什么隐藏的目的或虚伪的表现，一切都是那么自然和真实。他们的直接和坦诚让我们能够毫无负担地展现自己的内心，不用担心被误解或歪曲。

　　在社交场合中，耿直的朋友也会成为独特的存在。他们**不会随波逐流**去迎合一些不合理的现象，而是坚定地表达自己的看法，这种勇气和坚持能够给周围的人带来力量和鼓舞。他们就像是黑暗中的一盏明灯，指引着人们走向正确的方向。

　　总之，为人耿直的朋友是我们生活中的宝贵财富。他们的存在让我们感受到真诚和正义的力量，也让我们在成长的道路上不断反思和进步。让我们珍惜与他们的友谊，共同在这个纷繁复杂的世界中坚守自己的信念，追求真正的美好与价值。无论是在人际关系中，还是在社会的各个角落，耿直的品质都应该得到尊重和发扬，因为它是构建和谐、公正社会的基石之一。

第五章

海纳百川者，善

　　大海能够容纳无数的江河，一个人同样能够拥有像大海那般宽广辽阔的胸襟。与宽容大度的朋友相处，我们会感到轻松和愉悦，从而能够更好地去享受生活里的美好时光。

可以理性，也可以感性

　　选择情绪稳定和懂得为他人着想的朋友进行交往，可以令我们的相处氛围和谐友善，如沐春风。**稳定的情绪**对于一个人的健康、人际关系、幸福感、生活和工作质量都有着积极的影响，设身处地为他人着想一方面能促进个人成长，另一方面能减少双方的矛盾和冲突，使人际关系的质量得到提升。

保持冷静和理性

　　与能**保持冷静和理性**的人交往才是择善而交。诸葛亮在《诫子书》中曾谈到"静以修身"，即依靠安静的内心来修养身心，其中的表现之一便是与人相处时保持冷静，理性思考。经常保持冷静和理性的朋友能更好地控制自身情绪，不会因一时冲动而做出无法挽回的错误决定。

冷静和理性的朋友在与我们交往的过程中，面对突发状况不会手足无措，而是不慌不忙，迅速做出合理的判断。例如我们和这样的朋友一起接到一个紧急任务时，朋友会带领我们先静下心来接纳任务，随后理性拆解任务，分工协作，迅速完成这项紧急任务。

冷静和理性的朋友在与他人沟通时能够理智控制自己的言行，理解和尊重他人，**避免冲动和偏激**。这样的朋友如果遇到说话着急、语速过快的人，仍然会保持自己适中的说话节奏，不会被对方的节奏带偏，这样会使双方的交谈氛围逐渐稳定下来，尽可能避免冲动和情绪化的言辞；如果对方说出了冲动的言语，会尽快安抚对方的情绪，不用攻击性的语言和态度，或者是尽快转移话题，给彼此冷静的时间；如果对方可能会发生冲动行为，必要时需要第三方的帮助。

总之，与保持冷静和理性的人相交，能让我们在情绪波动时有依靠，在思考混乱时有方向。珍惜这样的朋友，在他们身边，我们能变得更冷静、更从容。

富有同理心

有时候，自己会被消极情绪紧紧包裹，压力仿佛一座沉重的大山压在心头，让人喘不过气来。

这种时候，内心无比烦闷，感觉整个世界都变得灰暗无光。想要挣脱这糟糕的情绪，却仿佛陷入了无底的沼泽，越挣扎越深陷。压力不断累积，却找不到宣泄的出口，感觉自己就像一个胀满气的气球，随时可能炸裂。

想让自己平静下来，却总是思绪纷乱，脑子里充斥着各种负面的想法。尝试去转移注意力，可那些坏情绪总是如影随形，挥之不去。想找人倾诉，又害怕给别人带来负担，或者担心不被理解。

就这样被困在这消极的牢笼里，自己努力寻找出路，却一次次感到绝望和无助。不知道何时才能摆脱这沉重的压力和糟糕的情绪，重新找回内心的平静与安宁。

心理压力
情绪

这时候能够与**富有同理心的人**交朋友很重要，他们能够感受情绪。同理心较强，能够敏锐地感受他人的情绪，可以更好地理解他人的需求和期望，从而做出相应的反应，尽力满足他们的需求，提高沟通效果。

宽容的朋友在感受他人情绪时，十分善于倾听，给予对方充分的时间和空间表达自己的情感。尽量以开放的心态去理解和接受对方的情绪，不带有任何偏见和评判，

　　即使无法理解或同意他们的观点，也尽力尊重对方的感受。如果遇到的是与之前不同的沟通环境，沟通对象也与之前不同，他们会根据环境的变化和对方的需求灵活调整自己的沟通策略。

　　为了能更好地体会对方的情绪，宽容的朋友会尝试理解对方为什么会有这样的情绪，这样会更容易设身处地**站在对方的角度考虑问题**。当对方表达完情绪后，宽容的朋友会用言语和行动表达对对方的关心和支持；如果对方感到沮丧，还会给予适当的安慰和鼓励；若对方需要一段时间来平复自己的情绪，宽容的朋友会保持耐心，给对方足够的时间和空间来处理情绪。

　　例如，宽容的朋友与他人沟通时，看到对方眉头紧锁，表情严肃，就知道对方最近经历了不愉快的事，可以和对方说："我能理解你现在的感受，如果你需要倾诉或者帮助，请随时告诉我。"这会令对方心头一暖，缓解不良情绪。

"善者"能包容

　　宽容的朋友会展现出**极大的包容力**。他们能够包容多样性，无论是思想观念的不同，还是生活方式的差异。他们尊重他人的观点，明白每个人都有自己独特的思考和见解。即使面对与自己截然不同的想法和行为，他们也能欣然接受别人与自己的差异。这种宽容的品质对于个人而言，能让自己拥有更广阔的视野和更平和的心态，促进个人的成长与进步。

尊重不同背景

　　要和**尊重不同背景**的人交友才是择善而交。与他们为友，能拓宽视野，理解世界多样性，还能在交流中共同成长进步。

尊重不同**文化背景**的朋友，包括了包容对方的教育背景。教育背景是个人成长经历的重要组成部分，它不仅影响着一个人的知识结构和思维模式，也塑造了一个人**看待世界和处理问题的方式**。宽容的朋友会尊重对方的教育背景，不会在意教育背景的差异。

　　比如，宽容的朋友对于学历比自己低的人，不会觉得自己高人一等，毕竟学历只是一种经历，最重要的还是能力；而有的人却歧视学历比自己低的人，觉得他们不配与自己交友，要知道学历并不是评判一个人的唯一标准，成功也不仅仅依赖于学历。

　　尊重不同文化背景的朋友，不把自身的文化习俗和传统强加给他人，认识到不同的文化传统都有其存在的价值，没有高低贵贱之分。尊重不同文化背景的朋友，包括了尊重不同的专业。随着现代社会的发展，社会分工越来越细化，为了满足社会分工的某种需要，每一个专业都有其存在的合理性，都在直接或者间接提高人们的生活质量。故而要尊重来自不同专业的人们，给予每个领域发展的空间，实现个人的全面发展和自我价值。

　　宽容的朋友会乐于与来自不同专业的人交友。"术业有专攻"，来自不同专业的人都各有所长，各有存在的价值。宽容的朋友会秉持包容而开放的态度，在交谈中积极了解与自己不同专业的人讲解专业知识，了解他们的观点，增长自身见闻，从不对别的专业有所偏见和轻视，**也不会轻易否定**其他专业的不同观点。

具体到职场，不同专业的人都有其擅长之处。尊重其他专业的朋友，善于与他们展开合作，各尽所长，有助于更好地解决问题，圆满完成专业任务。

尊重个体的不同

要与**尊重不同个体**的人交友才是择善而交。每个人都是独一无二的存在。每个人的性格特点、兴趣点、认知水平以及行为方式等都各有千秋。

例如在工作场景中，有的员工逻辑思维强，擅长计算，但创新能力稍显不足；而有的人思维活跃，极具创新精神，却在细节计算上不够缜密。作为管理层，应当敏锐地看到不同员工的长处，根据他们的特点安排在各自擅长的领域工作，做到人尽其才。充分**尊重各自差异**，发挥每个人的个性，如此才能提升团队的整体效能。

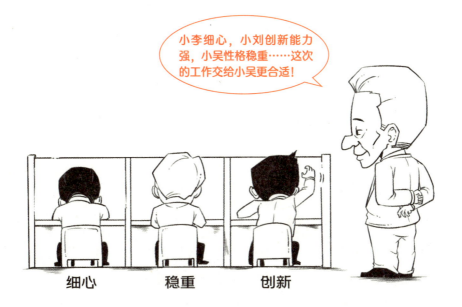

在人与人交流的过程中，如果沟通的两人中一位个性稳重，一位个性急躁，那么在交流时就可以大概判断出对方的个性特点，然后适当转变沟通方式。比如对稳重的一方，交流可以更条理、更深入；对急躁的一方，沟通则可以更简洁、更直接。这样便能避免因个性差异而产生误解和冲突，使交流更加顺畅和有效。

宽容待人才是上上签

"人非圣贤，孰能无过。"每个人若能认识到自己的错误并努力改正，都是难能可贵的。

心胸宽广的朋友，在面对别人一些可原谅的过错时，能够做到毫不计较。当他人犯错后，他们愿意积极地与之沟通，给予改正的机会，甚至有可能帮助其改正错误，而绝不会选择**回避或者采取敌对**的态度。一旦他人改正了错误，他们会毫不犹豫地重新建立对其的信任，并且一般不会再提起之前他人犯错的往事，更不会以过去的错误为借口对其进行指责和批评。

给出建议，不做"马虎包"

在人生的旅途中，我们都不可避免地会犯下各种错误，其中因疏忽大意而导致的错误尤为常见。这些错误可能看似微不足道，却有时能带来意想不到的后果。而在这样的时刻，身边朋友的态度就显得至关重要。

要和能宽容因为疏忽大意犯错的人交友才是择善而交。一个真正的良友，在面对我们由于疏忽大意而犯下的错误时，不会一味地指责和批评，而是会**选择理解和宽容**。他们明白，每个人都有可能在不经意间犯错，而这些错误往往并非出于恶意，只是一时的粗心所致。

疏忽大意的错误，可能是在重要考试中遗漏关键步骤而错失分数，可能是在工作中忘记一个关键细节而影响整个项目进度，也可能是在生活中不小心弄丢了重要物品。这些错误发生后，我们内心往往充满了懊悔和自责。

此时，宽容的朋友会给予我们安慰和鼓励，而非冷嘲热讽或横加指责。他们会帮助我们分析错误的原因，一起寻找避免再次犯错的方法。在他们的陪伴下，我们能够更快地从犯错的阴影中走出来，重新振作。

与这样的朋友相交，我们会感受到温暖和支持，从而更有勇气面对自己的不足。他们的宽容就像一盏明灯，照亮我们前行的道路，让我们在成长的过程中不再惧怕犯错。

相反，如果身边的朋友对我们的疏忽大意无法宽容，每次犯错都加以严厉指责，那么我们可能会变得畏首畏尾，失去尝试新事物的勇气。久而久之，我们可能会陷入自我否定的漩涡，无法自拔。

所以，我们应当努力去结交那些能够宽容我们因疏忽大意而犯错误的朋友，同时也要努力成为这样的人。在相互理解和支持中，共同成长，远离"马虎包"的称号，成为认真生活的人。

视情况宽容故意犯错的人

有的人的犯错不是无心之过，而是刻意为之。但如果他不是大奸大恶之徒，犯错的后果不是十分严重，不涉及违法犯罪，事后能够诚心诚意悔过，积极进行改正，宽容的人会给予他机会，这说明此人有责任感和改正错误的决心。

如果错误是无心之失，且能够改正，他们会给予**理解和包容**，帮助朋友从错误中汲取教训，共同成长。这种宽容并非毫无原则，而是基于对是非的清晰判断。

与这样的人交友，我们能感受到温暖与支持。在我们犯错时，不必过度恐惧失去友情，因为他们懂得换位思考，明白每个人都有不足之处。

和他们相处，能让我们学会宽容，拥有更和谐的人际关系。所以，择友时一定要选择那些能视情况宽容他人的人，共同营造真诚、友善的交往氛围。

攀比之风不可取

　　与人攀比虽然在一定程度上可以激发个体一定的积极性，推动个体追求更好的生活，但长远来看，若一个人总喜欢与他人比较，容易产生**一定的危害**。

　　个体过分关注别人的优点，忽视自己的特长，从而无法发挥自己的潜力，阻碍个人成长；过分关注自己的不足，总觉得很多方面不如别人，以致放大自己的缺点，产生自卑感，影响自尊心。在心理健康层面，容易导致个体的心理压力加大，产生焦虑、抑郁等负面情绪。也可能导致价值观扭曲，过分追求名利和物质享受，忽视精神生活。

不与人攀比家庭

在交友的道路上，选择至关重要。要和**不与人攀比家庭**的人交友，才是择善而交。

如今，不少人热衷于攀比家庭的财富、地位和背景。然而，真正的友情不应建立在这些外在因素之上。那些不与人攀比家庭的朋友，他们更注重彼此的性格、品质和内心的交流。

和这样的人相处，我们无需担忧家庭条件的差异会成为友情的障碍。他们不会因为你的家庭优越而阿谀奉承，也不会因为你的家庭普通而轻视疏远。

他们懂得尊重每个人的家庭状况，以平等和真诚的态度对待朋友。在你成功时，给予真心的祝贺；在你失意时，送上温暖的安慰。

与不攀比家庭的人交友，我们能收获一份纯粹真挚的情谊。

不与人攀比学习

在我们的学习生涯中，选择朋友有着重要的意义。要和**不与人攀比学习**的人交友，才是择善而交。

学习成绩并非衡量一个人的全部，但有些人却总是热衷于在学习上相互攀比。而真正的好友，不会把精力放在这种无意义的比较上。

不与人攀比学习的朋友，他们更关注彼此的进步与成长。当你取得好成绩时，他们会真心为你高兴，给予真诚的赞美；当你成绩不理想时，他们会耐心倾听你的烦恼，给予鼓励和帮助。

和这样的朋友在一起，你不会因为成绩的起伏而感到焦虑或自卑。他们会和你一起寻找适合的学习方法，共同努力提升。

与不攀比学习的人交友，能营造出积极向上且轻松的学习氛围。在这样的友情中，我们能够专注于自身的发展，不断进步，收获真正的成长。

不与人攀比工作和名声

心胸开阔的朋友，**不会与人攀比工作和名声**。每个人都可以在自己的岗位上实现自身的价值，每个人都有自己的成长时区，正所谓"三百六十行，行行出状元"。他们会将自己的精力集中在如何提升自己的工作能力上，而不是过分关注他人的工作和名声，要知道总是攀比工作和名声是毫无意义的，与其嫉妒自己工作能力强、有名气的人，不如注重自我价值的实现，关注今天的自己和昨天相比在工作能力方面取得了哪些进步。

所以，要与不攀比工作和名声的人交友才是择善而交。他们能让我们明白，工作的价值不在于和他人比较，而在于内心的满足和成长。在他们身边，我们不会被虚荣和攀比所累，能够脚踏实地追求自己的梦想。这样的友谊如同明灯，照亮我们前行的道路，让我们在工作中保持积极的心态，不断超越自我，成为更好的自己，共同创造出充满正能量且有意义的人生。

不与人攀比物质生活

与不与人攀比物质生活的朋友结交，会发现他们会根据自己的实际需求和能力来规划和选择自己的生活方式，不会因为他人极力追求物质生活而改变自己。他们对幸福的定义是更关注精神追求，着重提升自己的技能和修养，注重健康的生活观念和习惯。与他们相处久了，自己对幸福的理解也会进一步加深，还有可能成为一个勤俭节约的人。因为不与人攀比物质生活的朋友，在消费时会更关注物品的实用性和性价比，而不是单纯的品牌效应和价格。

在大学宿舍的校园里不乏这样的现象：有的男生宿舍喜欢攀比鞋类，甚至会花费上千元甚至上万元买一双鞋，挥霍无度；有的女生宿舍会攀比名牌包，背着价格名贵的名牌包就感觉高人一等。这些做法极不可取，心胸开阔的朋友不会专注于攀比虚有其表的"门面"，而是更关注如何追求更充实的精神生活。

第六章

谦虚谨慎者，善

谦虚谨慎自古以来就是一种备受推崇的美德。要与谦虚谨慎的人交友才是择善而交。谦虚谨慎的朋友，能时刻保持清醒的头脑，不骄不躁。他们善于倾听他人的意见，不断反思自身的不足，进而不断进步。与这样的人相处，我们能受到他们良好品质的感染，也学会以谦逊的态度对待生活，从而避免因自满而停滞不前，在成长的道路上稳步前行。

以谦和为本，用平等作纲

"越是成熟的稻穗，越懂得弯腰。"做人亦如此，我们应选择**态度谦和、平等待人**的人交友，平等而友善地与他人交流。

对待长辈谦逊有礼

对待长辈谦逊有礼是中华传统美德。**谦逊有礼**的态度可以显示出对他们的尊重和敬意，有助于人们与长辈之间建立和谐愉快的关系。我们还可以学习长辈的生活经验和智慧，最终赢得他人的尊重和信任。

"老吾老，以及人之老；幼吾幼，以及人之幼。"尊老爱幼是中华民族的传统美德。要与尊重长辈的人交友才是择善而交。《孝经》有云：
"夫孝，天之经也，地之义也。"尊重长辈之人，心怀感恩与敬畏，他们
明白长辈的经验和智慧是宝贵的财富。

正如"羊有跪乳之恩，鸦有反哺之义"，尊重长辈的朋友，能传承孝
道，以真心对待长辈的教诲和关爱。与这样的人交往，我们会受到其良好
品行的熏陶，懂得尊重与感恩。

在他们的影响下，我们也能学会倾听长辈的心声，从长辈的人生经
历中汲取智慧和力量。他们对长辈的尊重，会让我们反思自己对待长辈的
态度，从而更加用心地陪伴长辈，关心他们的生活和需求。当我们遇到难
题时，长辈基于丰富阅历给出的建议，能为我们指点迷津。通过与尊重长
辈的人交友，我们不仅能在家庭中营造温馨和睦的氛围，还能将这种尊重
和关爱传递给更多的人，让整个社会都充满温暖与和谐，形成良好的道德
风尚。

友善对待同龄人

"爱人者，人恒爱之；敬人者，人恒敬之。"在人际交往中，友善是一
座搭建心灵桥梁的基石。要与**友善对待同龄人**的人交友才是择善而交。

与熟识的同龄人交流时，他们可能会通过自嘲的方式，表现出自己谦虚的一面。自嘲可以让他们显得更加亲切和可爱，更容易获得他人的喜欢。善于自嘲的朋友，在了解了自己的不足之处后，会通过轻松的语言表达自己的糗事，在合适的场合里营造出亲切的沟通氛围。

与这样的朋友相处，我们能感受到真诚与善意。他们的友善如同和风细雨，滋润着彼此的心灵，让友谊之花得以茁壮成长。在他们的陪伴下，我们能学会以**友善的态度**去对待他人，共同营造一个和谐、积极向上的社交环境。

正如孔子所言："里仁为美，择不处仁，焉得知？"选择与友善对待同龄人的人为友，我们便能在充满爱与关怀的氛围中不断成长。

尊重晚辈的想法

"后生可畏，焉知来者之不如今也？"尊重晚辈是一种难能可贵的品质。要与尊重晚辈的人交友才是择善而交。

尊重晚辈的人，他们**不以年龄和资历自居**，能看到晚辈身上的潜力和闪光点。他们愿意倾听晚辈的想法和观点，给予晚辈表达自我的机会。在晚辈犯错时，不是一味地批评指责，而是以包容和引导的方式帮助晚辈成长。

与这样的人成为朋友，我们能感受到平等与尊重。他们的言传身教，让我们明白尊重他人是建立良好关系的基础。在他们的影响下，我们也学会了尊重不同年龄段的人，形成谦逊有礼的品德。

正如《师说》中所讲："是故无贵无贱，无长无少，道之所存，师之所存也。"与尊重晚辈的人交友，能让我们的思想更加开阔，收获更多的智慧和力量。

以谦逊之态虚心求教

"虚心使人进步，骄傲使人落后。" **善于虚心求教**的朋友往往拥有较强的上进心，不会因为过往的成就而沾沾自喜，善于听从他人的合理建议并从中获得启示，从而不断学习和成长。我们与这样的朋友结交，也容易被他们谦虚好学的精神所感染。

向家中长辈虚心求教

家中长辈是了解和关心我们的人之一，并且他们的人生阅历比我们丰富，他们具有丰富的人生经验和智慧。善于向家中长辈虚心求教的朋友，可以获得不少实用的经验，从而帮助我们更好地应对生活中的挑战，还容易让我们接受传统文化的熏陶，有助于加深彼此的了解，建立亲密的家庭关系。

当我们遇到各种问题时，可以主动向家中长辈请教。在求教的过程中，要抱着虚心的态度，**不要自以为是**。在绝大多数情况下，家中的长辈都很有经验，而且了解我们的具体情况，故而他们作为过来人，提出的建议是切实可行的。例如，家中长辈在情感和人际交往方面可能有更多的经验和智慧，我们可以向他们请教关于友情、爱情、婚姻等方面的建议，他们的经验和指导可以帮助我们建立良好的人际关系并处理情感问题。

向学校老师虚心求教

在学习过程中，学生难免会遇到各种问题和困惑。老师是知识的传授者，也是学校最直接、最专业的指导者，拥有丰富的学科知识和教学经验，通过向老师虚心求教，学生可以获得准确而全面的知识，解决在学习中遇到的问题，改进学习方法，提高自己的学习能力和水平，还能接触到正确的道德观，促进师生间的良好关系，使学习过程更加融洽和愉快。

学生在学校认真听课后，难免会遇到各种学习上的问题，如果思考之后仍然没有头绪，就应该虚心向老师请教，提出自己的疑问。

另外，如果已经从学校毕业并参加工作，也可以向之前授课的老师虚心请教一些困惑，因为学无止境，我们应当将学习融入生活的每个角落。

向职场领导和同事虚心求教

在工作中，尤其是对职场新人而言，多向有经验的领导和同事虚心请教工作中的困惑是十分必要的。有经验的领导和同事拥有丰富的工作经验和专业知识，可以在工作中传授给我们直接的**经验和建议**，找到解决工作问题的方法，使我们少走很多弯路，从而提高我们的工作能力和工作效率。此外，还能在职场中建立良好的人际关系，增强与同事的合作能力，使工作氛围更加融洽和愉快。

当不同部门之间需要合作完成某个项目时，跨部门合作请教便提上日程。跨部门合作后，难免会出现新的问题和挑战。在这种情况下，相关部门的员工可以相互请教，通过面对面会议、视频会议、电话会议等分享自己部门的工作经验和自己擅长的领域，以便更好地解决问题并推动合作的顺利进行。

向有经验的朋友虚心求教

有经验的朋友可能已经在某个领域或问题上积累了丰富的知识和经验，向他们请教可以快速获得宝贵的资源，令我们接触到不同的观点、思维方式和解决问题的方法，开阔我们的视野，增进彼此的信任和友谊。

在向有经验的其他朋友虚心求教的过程中，可以提前整理问题清单，了解基本背景和知识，以便在提问时做到心中有数。虚心求教过程中**要勇于提出自己的想法和疑问**，与对方积极互动。

值得一提的是，我们不要介意向比自己年龄小的朋友求教，如果这样的朋友在某一领域比自己了解得更多，向他们虚心求教亦未尝不可，正所谓"敏而好学，不耻下问"。例如有的人对当前的流行文化和前沿热词不太了解，而比他更年轻的朋友却了若指掌，故而可以虚心向年轻人求教。

吾日三省吾身

"君子博学而日参省乎己，则知明而行无过矣。"懂得自我反省之人，能正视自身不足，犯错时勇担责任、深刻反思。与这样的人为友，能受其感染，学会审视自我。当我们犯错，他们以身作则引导我们积极面对。其如良师益友，伴我们不断成长。

吾日三省吾身……

懂得反思

人生之旅，择友至关重要。与**懂得反思自己**的人交友才是择善而交。

他们宛如一面清澈的镜子，能映照出自身的不足与过错，并积极改进。如曾子所言："吾日三省吾身：为人谋而不忠乎？与朋友交而不信乎？传不习乎？”这种时常自省的精神，让他们不断成长。

与他们相处，我们会被其积极反思的态度所感染。当我们陷入困惑或迷茫时，他们能以自身的经验引导我们审视自我，找到问题的根源。

在他们身边，我们能学会谦逊，明白成长的真谛在于不断反思与进步。这样的友谊如同明灯，照亮彼此前行的道路，使我们在人生的旅途中越走越稳，越走越远。

及时道歉

在这纷繁复杂的世界中，交友是一门深奥的学问。而与懂得**及时道歉**的人交友，无疑是一种明智且幸运的选择，可谓是择善而交。

真诚的道歉，是一种强大的力量，它能够化解矛盾，修复关系。一个懂得及时道歉的人，内心往往有着对他人感受的尊重和对自身行为的审视。他们明白，即使是无意的过错，也可能给他人带来伤害，所以他们勇于承认错误，以求得对方的谅解。

当与这样的人成为朋友，我们能在相处中感受到一份难得的真诚。他们不会为了维护所谓的面子而固执己见，即便在激烈的争论后发现自己的不当之处，也能毫不犹豫地低头认错。这种品质使得我们之间的友谊更加稳固和深厚。

与懂得及时道歉的人交友，我们能在彼此的理解和包容中共同成长。他们的道歉并非软弱的表现，而是一种勇敢和成熟。在他们的影响下，我们也会学会反思自己的行为，努力成为更好的自己。

总之，选择与懂得及时道歉的人成为朋友，能让我们的心灵得到滋养，让友谊之花常开不败。

虚心接受他人的批评和建议

交友如同寻觅珍贵的宝藏。而判断这份宝藏价值的关键，在于对方是否能虚心接受他人的批评和建议。与这样的人交友，才是择善而交。

一个能够虚心接受批评和建议的人，拥有着开放的心态和追求进步的决心。他们明白，他人的批评并非恶意指责，而是帮助自己成长的良药。正如古人云："良药苦口利于病，忠言逆耳利于行。"

与这样的人成为朋友，我们的交流将充满真诚和建设性。当我们提出合理的看法时，他们会认真思考，而不是盲目抵触。这种虚心的态度使得他们能够**不断完善自我**，也为我们营造了一个积极的交流氛围。

他们的谦逊会感染我们，让我们在面对他人的意见时也能保持平和的心态。在彼此的影响下，我们能够共同进步，不断提升自己。

与**虚心接受他人批评建议**的人并肩前行，他们能够助力我们明晰自身的不足，激励我们携手奋进，持续超越自我。在相互的陪伴和鼓舞之下，我们的友谊愈发坚固且富有底蕴，化作人生中一笔弥足珍贵的财富。

做事低调，品格不低调

正如《论语》所云："君子欲讷于言而敏于行。"这样的朋友，不事张扬，默默积累，**言行谨慎而有分寸**。

他们深知"言多必失"，故而说话经过深思熟虑。在行动上，他们踏实稳健，不骄不躁。与他们为友，能让我们在浮躁的世界中保持清醒，学会沉稳处事，避免因鲁莽冲动而犯错，在人生道路上走得更加稳健。

不大肆炫耀自己

"虚心使人进步，骄傲使人落后。"这句名言时刻提醒着我们谦逊的重要性。交友亦是如此，要与不大肆炫耀自己的人交友才是择善而交。

《周易》中有言："劳谦君子，有终吉。"真正有修养的人，即便有所成就，也不会四处炫耀。那些大肆炫耀自己的人，往往内心空虚，目光短浅。而不炫耀的朋友，他们明白"木秀于林，风必摧之"的道理，懂得收敛锋芒，低调行事。

不大肆炫耀自己的朋友，内心平和，他们能以平和的心态看待自己的得失，不会因一时的成功而沾沾自喜，也不会因暂时的失意而怨天尤人。他们深知"水满则溢，月盈则亏"，所以在顺境中保持清醒，在逆境中保持坚韧。

与这样的人相处，我们能感受到一种宁静与踏实。他们的谦逊会感染我们，让我们明白"虚心竹有低头叶，傲骨梅无仰面花。"在他们的影响下，我们也能学会保持低调，专注于自身的成长与进步，不被虚荣所迷惑。在面对成功时，我们会更加淡定从容；在面对挫折时，我们会更加坚强勇敢。与**不大肆炫耀自己**的人交友，我们能够在宁静中共同成长，收获真挚而深厚的友谊，让人生之路更加充实和有意义。

不轻易否定他人

"君子和而不同，小人同而不和。"交友当与**不轻易出言否定他人**的人相交，此乃择善而交。

那些不轻易否定他人的朋友，深知每个人都有自己的观点和想法，能够尊重他人的独特见解。他们明白"三人行，必有我师焉"，从他人的言语中汲取有益之处，而非一味地批判和否定。

"海纳百川，有容乃大。"不轻易否定他人的人，拥有广阔的胸怀和包容的心态。他们不会因观点的差异而与人针锋相对，而是以平和的方式交流探讨。正如"仁者爱人，有礼者敬人"，他们以尊重和友善对待他人，营造出和谐的交流氛围。

与这样的人交友，我们能在相互的交流中感受到温暖与支持。在我们表达自己的想法时，不必担忧被粗暴地否定，从而能够畅所欲言，激发更多的创造力和思考力。在他们的陪伴下，我们也能学会包容与理解，并不断地完善自己的人际交往能力，收获美好的友谊。

深思熟虑，做事稳重

"三思而后行。"古往今来，这一箴言始终警醒着世人，也让我们深知，要与深思熟虑、做事稳重的人交友才是择善而交。

《论语》中记载："季文子三思而后行。子闻之，曰：'再，斯可矣。'"虽孔子认为思考两次即可，但也足见深思熟虑之重要。深思熟虑、做事稳重的朋友，他们在行事之前，会周全地考虑各种可能，权衡利弊，如同《孙子兵法》所云："多算胜，少算不胜，而况于无算乎？"他们不冲动行事，避免了许多不必要的失误和麻烦。

深思熟虑、做事稳重的朋友，他们在行事之前，会**周全地考虑**各种可能，权衡利弊。他们不冲动行事，避免了许多不必要的失误和麻烦。这类朋友深知做事前做好充分准备的重要性，**不盲目自信**，亦**不妄自菲薄**，以客观的态度评估自己的能力和处境。

他们能在喧嚣的世界中保持内心的宁静，不为外界的纷扰所动摇。这种沉稳使他们在面对困难和挑战时，能够沉着应对，不慌不乱。

与这样的人交友，我们能从他们身上学到**处事的智慧和方法**。当我们面临抉择时，他们的建议会如明灯照亮前路；当我们冲动急躁时，他们的沉稳会让我们冷静下来。在他们的影响下，我们也会逐渐养成深思熟虑、稳重做事的习惯，从而在人生的道路上少走弯路。

总之，与深思熟虑、做事稳重的人结伴同行，无疑是人生中的一大幸事。他们就像我们人生航程中的定海神针，无论风浪如何汹涌，都能给予我们坚定的支持和正确的指引。他们的存在让我们明白，成功并非一蹴而就，而是需要步步为营的规划和坚定不移的执行。

第七章

风雨同舟者，善

　　"人生所贵在知己，四海相逢骨肉亲。"选择志同道合的知交为友是人生最可贵的事之一，一起分享喜悦，一起风雨同舟，共同开拓前行的道路。

向着同一个目标

"志合者，不以山海为远。"在这纷繁复杂的世界中，交友的标准众多，但与有着**相合的理想信仰**交友才是择善而交。

有着相合理想信仰的朋友，能理解我们内心深处的追求，在我们迷茫时给予坚定的支持，在我们疲惫时给予温暖的鼓励。他们与我们同甘共苦，一同朝着共同的目标奋勇前行。

职业上相合的理想信仰

职业信仰，犹如指引职业航程的灯塔，它不仅决定了我们在工作中的态度和方向，也深刻影响着我们的人生价值和追求。当我们有幸与怀抱相同职业信仰的人相遇相知，那便是开启了一段珍贵而有意义的友谊之旅。

职业信仰，是我们在工作中**坚守的原则和追求的价值**。当我们与志同道合的朋友相聚，便能在职业道路上相互扶持，共同成长。

共同的职业信仰让我们对工作有着相似的热情和执着。比如，同为医生的朋友，都怀着救死扶伤的信念，深知生命的可贵，在面对困难和挑战时，彼此鼓励，共同攻克医学难题。这种共同的信仰让我们的交流更加深入，能够分享工作中的喜怒哀乐，互相理解职业中的艰辛与成就。

与拥有共同职业信仰的人交友，能促使我们不断提升自我。当看到朋友为了职业理想努力拼搏时，会激发我们的斗志，让我们不敢懈怠。在彼此的影响下，我们共同追求卓越，不断完善专业技能，为实现职业目标而努力奋斗。

而且，在面对职业中的困惑和迷茫时，这样的朋友能给予最**贴切的建议和帮助**。因为他们深知这个行业的规则和挑战，能为我们指明方向。

总之，与拥有共同职业信仰的人交友，能让我们的职业道路更加明朗，让我们在追求梦想的旅途中不再孤单，是我们人生中宝贵的财富。

生活中相合的理想信仰

在人生的漫漫征途里，朋友的地位举足轻重。交友的抉择深深影响着我们的生活品质与个人成长。生活中与拥有共同理想信仰的人结交为友，往往是一种明智之选。

共同的理想信仰，宛如一座坚固的桥梁，紧密地联结着彼此的心灵。当我们邂逅此类人，无需多言，便能体悟到一种深沉的默契。这种默契推动着我们在追逐理想的道路上相互理解、相互扶持。

拥有共同理想信仰的朋友，能够与我们并肩直面生活中的重重艰难险阻。例如，都渴望为环保事业贡献力量的人，会一道参与志愿活动，宣扬环保理念；都立志为教育事业奉献的人，会共同探讨教育方法，为培育下一代而努力奋进。在此过程中，我们相互激励，从对方身上汲取勇气和力量，即便遭遇挫折，也能毅然决然地奋勇前行。

正如古人所说："**同德则同心，同心则同志。**"与具备共同理想信仰的人交友，我们的思想将会相互碰撞并得以升华，视野也会更加开阔。他们会以积极的态度影响我们，让我们在迷茫时找到方向，在懈怠时重燃激情。生活是一段充满挑战的征程，而与拥有共同理想信仰的朋友携手同行，这样的情谊，不仅能够丰富我们的内心世界，还能让我们的人生变得更加充实且富有意义。

原来我们都一样

"知之者不如好之者，好之者不如乐之者。"**兴趣是最好的导师**，如果自己做的事情与自己的兴趣或特长不谋而合，做事则有事半功倍之效。兴趣特长可以分为文学、艺术、音乐、体育、科技等不同领域，选择与自己兴趣特长相近的朋友结交，好比"高山流水遇知音"。

兴趣特长与职业发展

择善而交，应当是与那些能够将**个人爱好与职业发展紧密相连**的人成为朋友。这样的人，他们在生活的舞台上并非盲目追逐，而是凭借着对内心热爱的清晰认知，巧妙地将个人爱好融入职业规划中。他们仿佛是驾驭着梦想之舟的舵手，在波涛汹涌的职场海洋中坚定前行，把兴趣化作推动事业发展的强大引擎。这种将爱好与职业完美融合的能力，不仅展现了他们对生活的深刻理解，更彰显了他们在人生道路上的智慧抉择。

这样的人，他们对生活充满热情，因为他们所从事的职业正是自己所热爱之事。他们明白自己的兴趣所在，并且有勇气和智慧将这份热爱转化为事业的动力。比如，一位热爱绘画的朋友，最终成为一名出色的插画师，他将对艺术的热爱融入每一幅作品中，不仅实现了自我价值，还为世界带来了美的享受。

与他们交友，我们能感受到那种源自内心的满足和快乐。他们的经历告诉我们，热爱并非遥不可及的梦想，而是可以通过努力和坚持变为现实。这种积极的能量会感染我们，让我们敢于追求自己真正喜欢的事物。

他们在面对工作中的困难和挑战时，展现出的坚韧和毅力令人钦佩。因为热爱，所以他们不会轻易被挫折打败，而是将其视为**成长的机会**。他们的故事激励着我们，在自己的人生道路上勇往直前，不畏艰难。

他们善于平衡工作与生活。由于职业与爱好的统一，他们在工作之余，依然能够保持对生活的热爱，享受闲暇时光。这种平衡的智慧，让他们的生活更加充实和有意义。

与能将个人爱好与职业发展联系起来的人交往，我们能学到如何发现自己的热爱，如何将其转化为职业的方向，以及如何在追求梦想的道路上保持乐观和坚定。他们就像一盏明灯，照亮我们前行的道路，让我们在人生的旅途中更加清晰地看到自己的目标和方向。

总之，选择与这样的人为友，是对自己人生的一种积极投资。他们的存在，让我们相信，只要我们勇敢地追随内心的声音，将爱好与职业相结合，也能过上充实而满足的生活。

有健康的爱好

要与有健康爱好的人交友，才称得上是择善而交。

拥有健康爱好之人，其生活盈满了积极向上的力量。譬如热爱运动的朋友，他们活力四射，具备良好的体质与坚毅的耐力。他们于运动中挑战自我，锤炼意志，此般精神在相处时会悄然无声地影响着我们，令我们愈发注重自身的健康与活力。

具有健康爱好的人，往往更知晓如何合理规划时间，平衡生活的方方面面。他们不会沉溺于无益的消遣，而是把时间和精力投放至能够提升自我、带来愉悦和收获的活动当中。

与这类人交友，我们会被他们的热忱和专注所带动，进而培养起自身的健康爱好。在彼此的陪伴与激励下，共同成长，携手进步。他们仿若一束亮光，照亮我们前行的路途，让我们的生活愈发充实、富有意义。

"三观合"方能成挚友

"物以类聚，人以群分。"古往今来，交友之道备受重视。在这纷繁复杂的世界中，与**三观合适**的人交友才是择善而交。

正如《论语》中所云："道不同，不相为谋。"三观不合之人，犹如两条平行线，难以交汇融合。而与三观合适的人相处，方能心有灵犀，彼此理解。三观契合的朋友，能与我们在追求理想的道路上携手共进。面对人生的抉择，能给予中肯的建议；遭遇困境时，能相互支持鼓励。他们如同黑夜中的明灯，照亮我们前行的道路，让我们的心灵不再孤单。

契合的价值观

在人生的长河中，与拥有相同价值观的人交友，无疑是择善而交的智慧之选。

相同的价值观它并非要求对所有事物都持有完全一致的看法，而是在关键的人生准则和重要的价值判断上有着相似的取向。比如，对于诚实和正直的尊崇，大家一致认为这是做人的根本，是立身处世不可动摇的基石；对于努力和奋斗的认同，都坚信只有通过自身坚持不懈的拼搏，才能在人生的舞台上实现梦想，绽放光芒；对于善良和慈悲的重视，都愿意在他人需要时毫不犹豫地伸出援手，传递温暖，让世界因为这份善意而变得更加美好。

当我们与具有这样相同价值观的人相遇，他们能深刻理解我们为了坚守诚实而做出的艰难抉择，不会因为利益的诱惑而动摇自己的原则；会在我们为梦想努力到精疲力竭时，给予最真挚的鼓励和支持，成为我们重新振作的动力源泉；也能与我们一起在他人遭遇困境时，毫不犹豫地奉献爱心，汇聚力量，共同抵御生活的风雨。

这种相同的价值观为友谊注入了纯粹和深厚的力量，使我们在人生的道路上不再感到孤单和迷茫，无论前方是荆棘密布还是坦途光明，都能坚定地迈出每一步。

探寻世界共识

世界观，是我们对整个世界的总体看法和根本观点。要与有相同世界观的人交友，是因为他们能与我们在看待世界的方式上产生共鸣。

拥有**相同世界观**的朋友，在面对世间万象时，会和我们有着相似的理解和认知。当我们感叹大自然的神奇与壮丽时，他们也能感受到那份震撼和敬畏；当我们对社会现象进行思考和评判时，他们的观点往往与我们不谋而合。

比如，都认为世界是多元而包容的，那么在对待不同文化、不同种族的人和事时，我们会持有开放和尊重的态度。这种共识让我们在交流中减少分歧，增进理解，能够一起以积极的心态去探索世界的美好与未知。

共赴人生旅程

人生观，决定了我们如何度过一生。与有相同人生观的人交友，能让我们在人生的道路上携手共进。

相同的人生观意味着我们对人生的目标、意义和价值有着相似的追求。如果都把追求内心的平静与满足视为人生的重要目标，那么在面对名利的诱惑时，我们都能保持清醒和淡定。

有相同人生观的朋友，会在我们迷茫时给予恰到好处的指引，在我们得意时提醒我们不忘初心。当我们为了实现人生理想而努力奋斗时，他们会是最坚定的支持者和同行者。

例如，都渴望通过帮助他人来实现自己的人生价值，那么我们会一起投身于公益事业，为那些需要帮助的人带去希望和温暖。在这个过程中，我们相互激励，共同成长，让人生的旅程充满意义和光彩。

总之，与有相同三观的人交友，是一场灵魂的邂逅与契合。他们仿若拼图中完美匹配的板块，与我们严丝合缝地拼接在一起，共同勾勒出生活的绚丽图景；又似和弦中和谐共鸣的音符，与我们交织成美妙动人的乐章。这样的友谊，为我们的心灵注入了源源不断的滋养，让我们在追求真善美的征途中不再形单影只，无疑是真正意义上的择善而交。

合作才能共赢

要与能共同合作、齐心协力完成任务的人交友，才是择善而交。这样的朋友，就像战场上并肩作战的战友，能够与我们携手共进克服重重困难。当面对艰巨的任务时，他们不会退缩，而是积极主动地与我们共同谋划策略；在执行过程中，他们能够充分发挥自己的优势，与我们相互配合为了共同的目标全力以赴。

工作中协作配合

要与能在工作中协作配合的人交友，才是择善而交。

工作中的协作配合，并非仅仅是完成任务那么简单，它蕴含着更深层次的意义和价值。能在工作中协作配合的人，往往具备良好的沟通能力。他们善于倾听他人的意见和想法，**能够清晰准确地表达**自己的观点，从而避免误解和冲突，让工作进展得更加顺利和高效。

这样的人通常富有责任心。他们深知自己在团队中的角色和职责，对待工作认真负责，绝不敷衍了事。当团队面临挑战或遇到问题时，他们不会推诿责任，而是主动承担，积极寻找解决问题的方法。

与能在工作中协作配合的人交友，我们能够从他们身上学到团队合作的精髓。在共同完成工作任务的过程中，我们会明白分工协作的重要性，懂得如何发挥各自的优势，实现优势互补。他们的存在会激发我们的潜力，让我们不断提升自己的**能力和素质**。

例如，在一个项目中，需要不同专业的人才协同合作。能在工作中协作配合的朋友，会充分发挥自己的专业技能，同时积极与其他成员交流协作，使得整个项目有序推进。这种协作精神也会延伸到生活中，当我们面对生活中的困难时，他们也能与我们携手应对，共同克服。

生活中提供帮助，通力合作

当我们深陷困境，遭遇挫折之际，他们定会毫不犹豫地**伸出援助之手**，给予我们支持与鼓励。

譬如共同筹备一场家庭聚会时，他们会踊跃贡献出自己的想法与力量，有人负责筹划活动流程，有人准备美味佳肴，有人布置活动场地，大家分工明确，配合默契，促使聚会圆满落幕，充满欢乐与温馨。

当家庭成员一同打扫卫生时，有人负责清扫地面，有人负责擦拭窗户，有人负责整理杂物，众人分工明晰，彼此配合。在此过程中，不但使家庭环境变得整洁宜人，更增进了家庭成员间的深厚情谊。

当我们规划一次旅行，能够与这样的朋友共同规划路线、预订住宿、安排行程。在旅途中碰到突发状况，大家亦能想法一致，力量汇聚一处，共同应对，让旅行充盈着美好的回忆。他们的存在让生活变得更为轻松愉悦，使我们能够以积极乐观的心态直面生活中的种种挑战。

与他们结交为友，使我们在相处中**学会关爱他人**，逐渐培养出同理心。在相互帮助的过程中，使我们更加深入地去感受和理解他人的需求与内心的感受。这种深刻的体悟会促使我们反思自身，从而让自己的心灵得到滋养，变得更加善良、体贴。

而且，在与他们合作配合的过程中，我们能够切实地提升解决问题的能力。我们会懂得如何巧妙地**整合各方资源**，充分发挥团队的优势。无论是面对复杂的任务，还是棘手的难题，都能通过彼此的协作找到最佳的解决方案，让我们在面对生活和工作中的挑战时更加从容和自信。

第八章

择善而交，方能修德致远

择善而交是我们在人际交往中追求的目标，当我们有幸与那些善良、正直、与我们志同道合的朋友建立起深厚的友谊后，如何保持这份珍贵的情谊便成了一项重要的课题。

保持联系，互相学习

为了与朋友保持长期的友好关系，应当尽量**主动联系朋友**，时常问候朋友。"三人行，必有我师焉"，在与他人交友的过程中，最好能从他们身上学习一些知识和做人的道理，与朋友互相学习对方的长处，共同领悟人生的真谛。

主动联系朋友

主动联系朋友，说明自己对这段友情的重视，对维护友谊、拓展人脉、增进了解、提升人际关系等具有重要的意义。

我们可以通过微信等社交平台主动发送文字信息，聊一聊彼此的近况；可以通过直接打电话的方式进行语音沟通，倾听彼此的声音；还可以通过各种方式直接进行线下见面和定期聚会，面对面深入交流。

在主动联系朋友的过程中，一方面可以主动了解朋友的日常生活、工作或学习情况，关心他们的身体健康和情绪变化，耐心倾听朋友的想法和感受，给予他们关注和支持；另一方面可以主动分享自己的生活、工作和学习经历，让对方了解自己的情况，或者和朋友分享有趣的事，主动营造轻松幽默的氛围。

适时增进沟通

保持合适的沟通频率，并不意味着每天要沟通，更不意味着不分时间、场合的沟通，而是根据双方的关系和实际情况，适时地进行沟通。不要在不适当的时候进行过多的沟通，比如在工作时间过分闲聊，或者在工作时间因私事打电话等；我们要对对方的情绪和需求保持一定的敏感度，不要在对方不愿意的情况下强行交流。

"朋友之间，用心交，常来常往。"当然，遇到三观相合、共同语言很多的朋友，理应增加沟通频率，经常保持联系。这些沟通可以通过电话、短信、邮件、社交媒体等方式进行。

此外，我们应选择双方都有兴趣或者与双方相关的话题进行讨论，避免单方面"演讲"；在沟通时要注意自己的肢体语言、面部表情和目光接触，这些都是沟通频率的一部分。

增加与朋友之间沟通的深度，是指与朋友沟通时不仅停留在分享一些生活琐事，还要分享内心的想法、感受，以及在遇到困难或挑战时，能够得到对方的理解和支持。

互相学习知识技能

我们应当在专业领域、知识技能等方面与朋友展开互相学习，包括分享各自的专业知识、技能和经验，帮助对方提升自我，共同成长。

每个人的知识技能体系都应当随着时代的进步而不断夯实和更新，因此我们的知识和技能不能止步于之前学到的内容，而是应该和朋友互相交流，取长补短，学到的知识和技能应跟随时代的脚步。

在与朋友联系的过程中，不是单一一方向对方讲解某些知识和技能，这样的方式是单调的、不平衡的。为了保持友情长久，理应是朋友双方各自分享各自的知识和技能，由此对方会产生一定的新鲜感。朋友双方都拓宽了视野，进一步增进了友谊。

互相学习好的生活方式

朋友之间也可以在生活态度、生活习惯、健康方式等方面**相互学习**，共同提升生活质量。

每个人的生活方式都是行为习惯和思维模式的体现，通过互相学习朋友好的生活方式，可以了解不同的生活态度，从而拓展自己的视野。

朋友之间互相学习良好的生活方式可以激励彼此追求更好的生活品质。例如，有的人对健康养生很有研究，有的人对如何掌握好的时间管理方法颇具心得。二人成为朋友后，互相交流彼此的生活方式，从而使各自的生活质量更上一层楼。

共同付出，互相帮助

朋友双方的**共同付出和相互帮助**也是使友情保持长久的"良方"。如果两个朋友之间的相处总是一方对另一方的单方面付出和帮助，长此以往，友情便会失去平衡。

及时互相帮助

朋友之间及时进行互相帮助，我们可以感受到自己的价值和能力，提升自我价值感和自信心；在团队合作中，及时进行互相帮助可以提高团队的效率和协作能力，有助于团队目标的实现；从长远来看，及时进行互相帮助不仅可以加深人与人之间的感情，建立良好的人际关系，可以共同建立良好的社会秩序，形成良好的社会风气。

在危难时刻施惠于人更显得弥足珍贵。当我们得到他人及时帮助后，更应该找机会及时帮助曾经帮助过我们的人。

东晋时期，前秦与东晋在淝水之战中展开激战，东晋将领谢安、谢石率领的军队成功击败了前秦军队。在战斗过程中，谢安、谢石兄弟俩及时互相支持，共同指挥，发挥了巨大作用，战后，两人共同为东晋国家的繁荣稳定继续努力。

攻克相同难关

除了一方帮助另一方解决个性化的困难外，当朋友们面对相同的困难时，往往更容易在困境中理解对方，**互相扶持**。双方一起想方设法攻克相同难关，可以让我们更快地找到解决问题的方法和途径，减轻我们的压力和困扰，防止问题扩大，避免产生更大的损失和影响。

在攻克相同难关的过程中，朋友们会**互相支持和鼓励**，包括激励彼此不要放弃，提供情感上的支持，实际行动上的帮助，或者提供必要的资源；朋友们会积极沟通，分享彼此的想法和策略，通过集思广益找到解决问题的最佳方案，然后共同实施，直到问题得以解决。

战国时期，赵国和燕国都是强国，但常常受到外敌的侵扰。有一次，赵国和燕国同时受到了敌国进攻，形势十分危急，赵国的桂国君赵武灵王和燕国的国君燕昭王决定共同抵御外敌。他们采取了共同战略，互相支持，共同抵御敌人。在战斗中，赵武灵王和燕昭王经常一起商讨战略，互相鼓励，共同面对困难。他们还互相提供军事援助，共同应对敌人的进攻。进攻多次激战，赵国和燕国最终击退了敌人，保卫了国家的安全。这个例子展示了赵武灵王和燕昭王在攻克相同难关时的合作精神和勇气，他们面对共同的困难互相支持，最终取得了胜利。

常怀感恩之心

当朋友帮助了自己时，理应在情感上常怀感恩之心。常怀感恩之心是一种美德，也是个人成长和人际交往中的重要原则。

常怀感恩之心的人能够更加珍惜自己拥有的一切，而不是一味关注自己没有的东西，这样可以提升幸福感；常怀感恩之心的人可以更加客观地看待自己，认识到自己的不足，同时也能看到别人的优点，从而促进个人的成长；常怀感恩之心的人，心理素质通常较好，能够更好地应对生活中的压力。

对于别人的帮助和付出，如果我们能够**表达感激之情**，对方会感到被尊重和认可，从而改善人际关系，使友情更加长久；在团体和社会中，如果每个人都能常怀感恩之心，那么人与人之间的关系会更加和谐，社会的凝聚力也会更强。

常怀感恩之心的人，经常对对方的帮助和支持表达感谢，对他人十分尊重，在言辞表达方面经常说"谢谢""非常感激"等词语；他们会铭记对方的好，即使事情已经过去很久，也不会忘记。

报答对方付出

我们除了对朋友的付出和帮助**常怀感恩之心**外，理应寻找合适的机会，用实际行动来报答对方的付出。即便对方对我们的帮助是不求回报的，但长久的友情从来都不是单方面的付出，正所谓"滴水之恩，当涌泉相报"。

用实际行动报答对方的付出体现了对对方的尊重、信任和感激。当别人为我们付出时，用实际行动去回报，是对别人付出的最大尊重和信任。这不仅能让人感到自己的付出得到了认可，而且能增进彼此的关系。

用实际行动报答对方的付出可以传递正能量，塑造良好品格。付诸实际行动表明我们是一个积极向上、懂得感恩、有责任感的人，这样会让人们感到愉悦，会激发他们去传播正能量，让人们认为我们是值得尊敬的人。

　　如果对方给你提供了某种服务，你可以在有机会的时候帮助对方，以实际的帮助回馈对方的付出，或者在对方的生日、节日等特殊的日子里，送上小礼物，以示感谢。

　　例如，一些成功的企业家或个人，他们经常会通过捐款或者设立奖学金等方式，回报社会，帮助那些需要帮助的人，他们的行为体现了对社会的感恩之心。

　　然而，有些人只是一味向朋友索取，不愿意付出，使朋友感到很疲惫，最终"友谊的小船说翻就翻"。要知道，友谊是建立在**互相帮助和扶持的基础上**，一味向朋友索取的友谊是不健康的，不可持续的。

正确处理分歧和冲突

鲁迅先生曾言："度尽劫波兄弟在，相逢一笑泯恩仇。"我们与朋友面对分歧和冲突时，应保持开放和包容的心态，以消除误解，化干戈为玉帛。

尊重朋友与自己的分歧

人人都有自己的想法和感受，这主要与每个人的经历、认知水平、价值观等方面相关。因此，当我们面对朋友与自己的分歧时，应当明白存在分歧是正常的，我们应当**尊重和理解朋友**的观点和想法，倾听朋友的感受和需求。

　　尊重朋友与自己之间存在的分歧，是尊重他们有权持有这些观点，认真倾听并努力理解他们的想法和感受，不要嘲笑和贬低朋友的想法，以平和而理智的态度面对分歧。

　　我们发现自己的观点和朋友存在分歧后，并不是像应声虫一般抛却自己的观点，失去自己的主见，随声附和朋友的观点，全盘接受他们的观点。一般都是在真实地表达完自己的观点后，如果我们认为朋友的观点有不妥之处，可以提出**建设性的合理建议**，而不是简单否定朋友的观点。

在分歧中寻求共识

　　当我们与朋友之间存在分歧时，通过寻求共识可以增进彼此的沟通和理解，这有助于消除误解，缓解紧张气氛，从而为双方创造一个更加和谐、互相信任的交流环境。

　　在分歧中寻求共识有助于维护和发展人际关系。如果双方能够尊重对方的观点，并**努力寻找共同点**，那么即使在某些问题上存在分歧，也能保持关系的稳定和长久。

在团队合作或集体决策的过程中，寻求共识可以提高决策的质量，找到最佳的解决方案，从而提高整个团队的工作效率。

在一个多元化的社会中，寻求共识有助于减少冲突和矛盾，促进社会和谐。当人们在政治、文化等方面存在分歧时，通过寻求共识，可以找到平衡点，实现各方的共同利益。

适当让步

在某些情况下，为了维护友谊，我们可能需要做一些妥协。这并不意味着放弃自己的观点，也不意味着违反做人原则，而是为了达成共识去付出一定的努力。

适当为朋友让步可以避免因小事发生争执，有助于**维护和谐的人际关系**；在团队合作中，适当的让步可以消除团队成员之间的矛盾，增强团队的凝聚力，有利于达成共同的目标；通过适当让步，我们可以学会尊重他人、理解他人，这对我们的个人成长也是非常有益的。

每个人都有自己的喜好和选择，对朋友的适当让步就是尊重他们的决定。例如和朋友一起准备去餐厅吃饭时，我们可以先问问朋友的意见，问问朋友想吃的食物，迁就一下朋友；等下一次一起吃饭时，可以以自己的意见为主。

寻找解决冲突的方案并反思

寻找解决冲突的方案并反思对于个人和团队的发展具有重要意义，它能够帮助我们维持与朋友之间长久的友谊，提升自身能力，避免重复冲突的发生。

如果我们在与朋友讨论时发生了冲突，甚至可能影响到友谊时，我们应该适时结束讨论，给彼此留些空间和时间，尽快冷静下来。随后，再积极与对方沟通，倾听对方的意见，了解彼此需求，共同寻找解决方案。

等冲突解决后，对整个过程进行**反思和总结**，分析冲突产生的原因，回顾冲突发生的过程和结果。审视自己在冲突中的表现，思考自己是否有过激的言辞、情绪失控等不当行为，检查自己在冲突中的沟通方式是否有效，是否真正理解对方的观点。要从冲突中吸取教训，总结自己在解决冲突方面的经验和不足，必要时要调整沟通策略，以便在未来遇到类似问题时能够从容应对。

冲突在某种意义上来说并不是坏事，它可以作为一个学习和成长的机会。通过冲突，我们可以更好地理解自己和他人，学习如何有效地沟通和解决问题。如果处理得当，冲突还可以增进我们与朋友之间的关系，促使我们积极面对我们与朋友之间的问题。

保持一定的个人空间

我们若想保持友情的长久性，双方都应该保持一定的**个人空间**。个人空间可以帮助人们放松身心，减轻压力和焦虑。在繁忙的生活中，拥有一些属于自己的时间和空间，可以让人们有机会放松和休息，提高生活质量和幸福感。

个人空间可以为人们提供一个专注的环境，有助于提高工作效率和创造力，当一个人能够独立思考和行动时，他可以更好地解决问题，产生创新性的想法。

个人空间不仅对个人有益，也对人际关系有积极影响。每个人都需要一定的私人空间处理自己的事情和情绪，这有助于维持健康的人际关系。如果一个人没有个人空间，他可能会感到被侵犯或束缚，导致关系紧张甚至破裂。

设定自己的边界

对于自己来说，应当明确自己的个人需求和边界，并坚持维护。告诉朋友自己需要独处的时间或空间，以便进行自我反思，追求个人爱好或处理个人事务。

设定个人边界，**要明确自己的需求和希望**。了解了自己的需求和期望后，并将其表达给他人，可以帮助他人了解你的底线和限制，避免产生误解或冲突。

如果遇到涉及原则的事情时，也要学会说"不"。我们要学会拒绝不合理的要求或压力，坚持自己的底线和原则，不要为了取悦他人而牺牲自己的权益和自主性。

当我们能够清晰地设定并维护个人边界后，我们会发现自己的内心变得更加笃定和自信。我们不再因为害怕他人的看法而轻易妥协，而是能够坚定地按照自己的节奏和方式生活。

同时，这也有助于我们与朋友建立更加健康、平等的关系。朋友会因为我们的坦诚和坚定而更加尊重我们，双方在相处中也能更好地理解和包容彼此。我们可以在自己的个人空间里充分成长，然后以更好的状态与朋友互动交流。

而且，坚持个人需求和边界还能让我们避免陷入一些不必要的麻烦和困扰。我们能更加专注于对自己真正重要的事情，不断提升自己的能力和素养。在这个过程中，我们会逐渐成为一个更加独立、有魅力的人，吸引着志同道合的人来到我们身边，共同书写精彩的人生篇章。让我们始终牢记维护个人边界的重要性，为自己的人生保驾护航。

尊重朋友的个人空间

除了设定自己的边界外，也要尊重朋友的个人空间，这一点极其重要。因为每个人都有其独特的需求和喜好，如果我们不尊重朋友的个人空间，那么很可能会让他们感受到沉重的压力和不适，长此以往，友谊关系必然会出现裂痕，甚至走向破裂。

尊重朋友的个人空间，首先意味着要充分尊重他们的隐私和个人权益。我们不能毫无顾忌地过度干涉他们的生活，对于他们的决策和选择，我们要予以尊重，不能强行逼迫他们说出不愿意说的事情。同时，更不能随意传播关于他们的私密信息和谣言，要为他们守护好属于他们自己的秘密角落。

每个人都需要一定的个人空间来发展自己的兴趣爱好、去追求个人的目标以及进行深入的自我反思。当我们尊重朋友的个人空间时，其实就是在给予他们足够的机会去发展和成长。我们不能总是理所当然地期望朋友随时都能有时间陪伴在我们身边，他们也有属于自己的梦想和旅程需要去追寻。

　　而通过尊重朋友的个人空间，我们能够更加深入地了解他们的内心世界和真实需求。只有当我们真正理解他们的内心渴望和追求，友谊才会变得更加牢固和深厚。

　　此外，我们不能过度依赖朋友。过度依赖朋友无论是对个人还是对友谊关系都会产生诸多负面影响，所以我们必须避免这种情况的发生。个人空间的存在让我们有时间和机会**进行独立思考**，反思并探索自己的兴趣、价值观以及目标。它就像是一片肥沃的土壤，为我们的自我发现和成长提供了良好的环境，有助于我们培养个人的独立性、自信心以及应对各种挑战的能力，从而让我们不再过度依赖朋友。如果我们总是一味地依赖朋友来解决自己的问题或满足自己的需求，那么我们很可能会错失发展自己自主性的宝贵机会。而且，每个人都有自己的生活和责任，过度依赖朋友会给他们带来额外的负担和压力。不过度依赖朋友，才能减轻他们的负担，维护友谊的平衡和健康。

比如，当我们在工作上遇到难题时，我们可以首先尝试自己独立思考和解决。只有当自己确实无法独立解决时，再向朋友请教或寻求帮助。这样做不仅能够锻炼我们自己独立解决问题的能力，同时也能减轻朋友的负担。在这个过程中，我们既尊重了朋友的个人空间，又避免了过度依赖他们，从而让友谊能够更加长久而稳定地发展下去。我们要始终明白，尊重朋友的个人空间和避免过度依赖朋友，是维持友谊健康和长久的关键要素。只有这样，我们才能与朋友携手走过漫长的岁月，共同创造美好的回忆和珍贵的经历。

接受变化

保持个人空间是为了**寻求个人的自由和独立**，以便追求个人兴趣，发展自我，劳逸结合，与他人保持长久的友谊。然而，人们的需求和情况会随着时间的推移而改变，自己独处的空间需求和时间需求也会发生一定变化，我们应尽快适应变化的环境，与朋友一起适时调整期望和计划。

例如，如果我们的朋友结了婚，组建了自己的家庭，需要承担起新的责任。我们和朋友都需要重新调整相处方式，重新安排彼此的相处时间。

我们要用发展的眼光看待朋友。譬如有的朋友过去很依赖自己，常常占用自己很多的私人空间，但我们应充分给予朋友调整和改变的机会，不因此草率否定一个人。当朋友做出改变后，变得比较独立，不再总是依赖我们，我们会重新建立自己和朋友之间的平衡关系。

在生活中，保持个人空间确实至关重要。当我们拥有足够的个人空间时，我们可以全身心地投入自己热爱的事物中，无论是绘画、写作、音乐还是其他任何形式的兴趣爱好。在这个属于自己的角落里，我们可以尽情地释放创造力，挖掘自身的潜力，不断提升自我，成为更好的自己。

同时，合理的个人空间也让我们能够在忙碌的生活中得到喘息和放松。我们可以在这个空间里安静地思考，梳理自己的思绪，缓解压力，让身心得到滋养。这样，当我们再次回到与朋友相处或面对其他事务时，会更有精力和活力。　而当朋友的生活状态发生改变时，我们的应对方式就显得尤为重要。就像朋友结婚后，他们的重心可能会发生转移，这时候我们不能抱怨或者强行要求他们维持原来的相处模式。我们要理解他们的新角色和新责任，给予他们足够的支持和尊重。在这个过程中，我们可能需要更加主动地去协调和沟通，找到彼此都能接受的相处方式和时间安排。

我们还要明白，人的成长和变化是一个持续的过程。朋友可能会在不同的阶段展现出不同的特质和需求。我们不能因为他们过去的某些表现而对他们形成固定的看法。当他们努力做出改变，变得更加独立时，我们要为他们感到高兴，并且积极地去适应这种新的变化。在这个重新建立平衡关系的过程中，我们会发现友谊变得更加深厚和稳固。　此外，我们自己也要学会在不同的情境下调整对个人空间的需求。有时候，我们可能需要更多的独处时间来处理自己的事情；而在另一些时候，我们可能又渴望与朋友更多地相聚和交流。我们要学会灵活地把握这个度，根据实际情况来合理安排自己的时间和精力。

总之，保持个人空间与适应变化是相辅相成的。我们要在追求个人自由和独立的同时，学会理解和包容朋友的变化，共同维护和发展珍贵的友谊。在这个不断变化的世界里，让我们与朋友携手共进，一起探索和成长，创造更加美好的生活和回忆。